W0390521

VOYAGE EN TERRES COMPLOTISTES

Antoine Bristielle

Voyage en terres complotistes

Fayard

Couverture : ADGP

ISBN : 978-2-213-72107-1
Dépôt légal : février 2022
© Librairie Arthème Fayard, 2022

à Laura

Introduction

Dimanche 12 décembre 2021, M6. Bernard de la Villardière présente un numéro d'*Enquête exclusive* consacré au complotisme. Le présentateur annonce la couleur dès les premières secondes de l'émission : « Aujourd'hui, un Français sur quatre serait perméable à des thèses plus ou moins complotistes. Ces mouvements n'hésitent pas à passer à l'acte, prévient-il : assassinats de gendarmes, kidnappings d'enfants, mais aussi menaces de mort contre des députés à l'occasion du débat à l'Assemblée sur le passe sanitaire. » S'ensuit un reportage d'une heure sur des « Gilets jaunes complotistes » – une trentaine tout au plus – manifestant devant l'ordre des médecins contre la stratégie vaccinale, ou encore sur une secte *new age* baptisée *One nation*, qui ne rassemble à l'écran jamais plus d'une vingtaine de membres, mais qui paraît donner des sueurs froides au journaliste.

Au-delà du caractère sensationnel de ce type d'émission, à la veille de l'élection présidentielle de 2022, la plupart des médias français font de la lutte contre les *fake news* un cheval de bataille. Le traitement de la question complotiste par certains médias et acteurs politiques de premier plan s'apparente à un réflexe de panique face à l'état de tension de notre société. Les médias s'interrogent : « Comment argumenter face à des complotistes ? » se demande par exemple France Inter[1] ; « La pandémie, un terreau pour le complotisme ? » questionne à son tour Arte[2]. Échaudés par l'impact des fausses informations lors des élections américaines de 2016 qui ont favorisé l'arrivée au pouvoir de Donald Trump, les débats télévisés sont même, sur certaines chaînes, suivis d'une vérification des faits par une cellule de journalistes dédiés, tandis que la presse écrite leur consacre des rubriques de décodage. Dans ces conditions, le terme de « complotiste » est devenu une arme discursive particulièrement usitée pour disqualifier ceux qui critiquent, pourtant à l'aide d'arguments rationnels, le pouvoir établi.

Un mal français

Le conspirationnisme n'est pas un phénomène anecdotique. En revanche, il ne correspond pas, dans l'immense majorité des cas, aux quelques individus radicalisés présentés dans les médias généralistes. C'est la difficulté que l'on rencontre lorsque l'on s'attache à traiter le phénomène : le terme « complotiste » est à la fois utilisé pour disqualifier un adversaire ou pour critiquer des individus radicalisés et ultra-minoritaires, et en même temps il correspond à une réalité tangible.

Il y a plus de cinquante ans, Karl Popper, chercheur en philosophie des sciences à la *London School of Economics* puis à l'université de Londres, définissait le complotisme comme la théorie selon laquelle « tout ce qui arrive a été voulu par ceux à qui cela profite[3] ». En d'autres termes, tous les événements qui se produisent au sein d'une société s'expliqueraient par l'action cachée d'individus puissants. Ces derniers tireraient les ficelles dans l'ombre et seraient les vrais bénéficiaires de toutes les crises que nous connaissons, qu'elles soient de nature politique, économique ou sanitaire.

L'épidémie de Covid-19 à laquelle nous sommes collectivement confrontés depuis le début de l'année 2020 s'est accompagnée d'une diffusion massive de théories conspirationnistes, cherchant à montrer qu'il existe d'une manière ou d'une autre une machination derrière la pandémie. Parmi les thèses les plus en vogue, on retrouve l'idée que le virus aurait été créé délibérément dans un laboratoire, que l'épidémie aurait été planifiée par les laboratoires pharmaceutiques afin de s'enrichir, qu'il n'y a pas de preuves solides que le coronavirus existe vraiment et que les morts de l'épidémie sont exagérés par les autorités pour maintenir la population dans un état de peur et donc de docilité[4].

Une vision du monde

Aujourd'hui, ce n'est plus tant à des croyances complotistes qu'à une vision du monde complotiste à laquelle nous avons affaire. Lorsqu'une personne adhère à une théorie du complot à propos d'un événement, il y a tout lieu de penser qu'elle n'en restera pas là et qu'elle sera amenée à adhérer à une multitude de théories du complot. Croire en une théorie du complot revient à mettre le doigt dans une sorte d'engrenage[5]. Pour le dire autrement, aujourd'hui, une part significative de la population présente une « mentalité complotiste » ou une « vision du monde conspirationniste ».

Ce phénomène dépasse la simple actualité sanitaire. Par exemple plus d'un Américain sur deux pense que le président Kennedy a été assassiné par la CIA[6]. En France, un tiers de la population croit que l'accident de voiture au cours duquel Lady Diana a perdu la vie est un assassinat déguisé. Les théories conspirationnistes sont par ailleurs inquiétantes lorsqu'elles se propagent au sein du champ politique et qu'elles s'adossent à la stratégie de responsables politiques de premier plan. Dans le cadre électoral, cette croyance conspirationniste se manifeste ainsi avec de plus en plus de virulence : lors du référendum sur la sortie du Royaume-Uni de l'Union européenne (UE) en 2016, 46 % de ceux qui avaient envie de voter « *leave* » croyaient que le vote pouvait être truqué[7]. Quant à la fin du mandat de Donald Trump, elle a été marquée par les agitations de la mouvance QAnon soutenant que le président américain menait une guerre secrète contre une partie vérolée de son administration, contrôlée en réalité par une secte pédo-sataniste liée aux milieux financiers et médiatiques. Si, de notre point de vue d'Européens, cette théorie peut paraître délirante, des enquêtes menées quelques semaines avant l'élection présidentielle de 2020 montraient que plus d'un électeur républicain sur deux y croyait[8]. Loin de condamner ce mouvement, Donald Trump s'était même plutôt réjoui du soutien que lui manifestaient les QAnon[9].

Le complotisme se matérialise également bien de manière concrète et parfois spectaculaire. Qui n'a pas été choqué le 6 janvier 2021 par les images du Capitole, aux États-Unis, envahi par des contestataires pro-Trump se réclamant en partie de la mouvance QAnon ? Mais ses effets sont souvent moins visibles, plus individuels, plus pernicieux. Ainsi, différentes études ont montré que croire dans les différentes théories du complot à propos du Covid-19 se traduisait par un moindre respect des mesures sanitaires, des gestes barrières et des mesures de confinement, même en cas de symptômes de la maladie[10]. Le complotisme mute bel et bien en actions aux effets souvent délétères pour nos sociétés.

Pour autant, les principales analyses se contentent généralement soit de critiquer les individus sensibles à cette vision du monde, soit d'alerter sur les conséquences pernicieuses du phénomène. Elles manquent ainsi un point essentiel : en expliquer les causes.

Expliquer plutôt que critiquer

Lorsqu'un thème est connoté négativement aux yeux de l'opinion publique, il est pratique pour un responsable politique de qualifier de la sorte son opposant politique pour clore le débat. C'est ce qui se passe depuis plusieurs années avec le terme de « populiste ». Souvent synonyme dans la bouche de ceux qui l'emploient de « démagogue », voire d'« extrémiste », ce qualificatif permet bien souvent de se passer d'un argumentaire sur le fond.

Si le « populisme » constituait l'arme discursive de certains éditorialistes et représentants politiques dans les années 2010, il en est désormais de même avec la question du complotisme. Tout d'abord, traiter quelqu'un de complotiste permet de dresser une frontière manichéenne entre le bien et le mal : le complotiste est dans le camp du mal, il croit en des choses qui n'existent pas, quand, en miroir, l'autre est dans le camp du bien. Dans cette perspective, le complotisme ne serait que l'« opium des imbéciles[11] », mais cela n'explique pas pourquoi cette croyance est si répandue. Utilisée à tort et à travers, cette accusation est un moyen efficace pour ne pas traiter le fond des problèmes et les motifs d'inquiétude – qui peuvent être légitimes – à l'origine du phénomène.

Un cas résume parfaitement cette dynamique : celui des vaccins contre le Covid-19. En novembre 2019, le président de la société américaine Pfizer annonce que le vaccin créé est d'une efficacité redoutable pour lutter contre la maladie et qu'il sera disponible dans les semaines suivantes. Accueillie avec joie et espoir dans la plupart des pays, cette nouvelle rencontre en France de la méfiance. En effet, les premières enquêtes d'opinion menées dans les jours suivant ces annonces montrent qu'un Français sur deux refuserait *a priori* de se faire vacciner contre le Covid-19. Dans ces conditions, journalistes et politiques s'emparent du sujet et caricaturent ces sceptiques en « antivax » complotistes incapables d'être convaincus rationnellement[12]. Or, lorsque l'on cherche à *expliquer* ce phénomène, la part des raisonnements complotistes au sujet de ce vaccin est réduite. Ceux qui refusaient à l'époque de se faire vacciner exprimaient avant tout de la peur contre les effets secondaires d'un vaccin produit selon eux dans l'urgence.

D'un point de vue médiatique, dresser une opposition au sein de la société est source de profits. Combien d'émissions de télévision ou de radio mettent-elles en scène une opposition entre « pro » et « anti », quel que soit le sujet ? Nombre d'entre elles ont ainsi porté sur le fait que les familles se déferaient sur les questions sanitaires et sur les mesures prises pour y faire face. « Quand la vaccination vire au conflit familial » titre par exemple France 24[13]. Le quotidien *Libération* va un cran plus loin dans son édition du 21 août 2021. À la une, une photo de famille déchirée accompagnée du titre suivant : « Familles, amis, couples : le clash sanitaire. Gestes barrières, traitements miracles, confinements, vaccins, passe sanitaire… Quand la pandémie sème la discorde, parfois jusqu'à la rupture. » Si ces gros titres attirent l'attention, ne viennent-ils pas polariser des positions qui, en réalité, ne sont pas forcément irréconciliables ?

D'un point de vue politique, la caricature est pratique. Elle permet de masquer les erreurs gouvernementales. Les Français qui doutaient de la vaccination étaient pris de court : ils ne comprenaient pas qu'un vaccin ait pu être produit aussi vite. Mais une telle croyance ne venait pas de nulle part ! Quelques semaines avant les annonces de Pfizer, Emmanuel Macron déclarait : « Les gens qui vous disent : "On aura un vaccin au mois de mars prochain ou en avril", très sincèrement vous trompent[14]. » Le décalage perçu par une large partie des Français entre ces déclarations et les annonces d'un vaccin imminent pouvait expliquer une large part du scepticisme initial.

On comprend donc pourquoi il est plus facile pour le gouvernement de qualifier les antivax de complotistes, plutôt que de chercher les raisons de leurs doutes. Il est en effet fort à parier que les incohérences gouvernementales, en matière de communication ou de gestion opérationnelle de la crise – comme les revirements dans les préconisations de la part des autorités au sujet du port du masque au printemps 2020 – ont une forte part de responsabilité dans le scepticisme d'une partie de la population.

Apporter des réponses

La question complotiste lors de l'épidémie de Covid-19 a constitué une véritable rupture de paradigme. Cet ouvrage s'appuie ainsi sur l'analyse des discours des acteurs politiques et médiatiques depuis le début de l'année 2020, mais également sur différentes études des mouvements de contestation de la politique sanitaire du gouvernement. Des enquêtes menées sur les groupes Facebook de soutien au professeur Raoult ou contre le port du masque, la vaccination, ou la mise en place d'un passeport sanitaire ont permis de récolter près de 5 000 témoignages individuels. Ces récits, comme nous le verrons avec les quelques profils représentatifs sélectionnés, mettent au jour les mécanismes à l'origine du passage d'une simple contestation à des attitudes complotistes beaucoup plus marquées.

Ce livre contribue ainsi à une approche globale du phénomène complotiste, tout en mêlant une pluralité d'approches, à la fois historique, sociologique, politique et psychologique de la question. Comme souvent, c'est grâce au croisement des disciplines que l'on peut appréhender un phénomène, avec, d'une part, une posture positiviste car « il est possible de percevoir la réalité telle qu'elle est et de l'expliquer[15] », c'est-à-dire identifier le phénomène complotiste sur la base d'observations. Et d'autre part, une posture constructiviste – selon laquelle la réalité est « construite[16] » – pour expliquer comment l'utilisation massive de concepts répond souvent à une visée politique. Alors que le phénomène complotiste a été largement analysé outre-Atlantique, son étude précise et documentée demeure lacunaire en France. C'est ce vide qu'essaie de combler cet ouvrage.

Première partie

Voyage en terres complotistes

Chapitre I

Tous complotistes ?

Le complotisme est-il l'affaire de quelques individus radicalisés, de quelques « imbéciles[1] », préférant se réfugier dans des croyances obscures plutôt que de faire appel à leur raison ? Pas du tout ! Au contraire, les Français sont particulièrement perméables aux théories du complot. Donnons quelques ordres de grandeur pour prendre la mesure du phénomène. Selon une enquête réalisée par l'Institut français d'opinion publique (Ifop) pour la Fondation Jean-Jaurès (Figure 1), les chiffres sont alarmants : la thèse complotiste la plus partagée par nos compatriotes, à savoir que le ministère de la Santé est de mèche avec l'industrie pharmaceutique pour cacher la réalité sur la nocivité des vaccins, est ainsi partagée par 43 % de nos concitoyens. Un quart des Français pensent enfin que l'immigration est organisée délibérément par nos élites politiques intellectuelles et médiatiques pour aboutir à terme au remplacement de la population européenne par une population immigrée.

L'adhésion aux théories du complot peut concerner des sujets étonnants : par exemple, 15 % des Français croient que certaines traînées blanches créées par le passage des avions dans le ciel sont composées de produits chimiques répandus pour des raisons tenues secrètes. À ce propos, il suffit ainsi de taper « *chemtrail* » dans le moteur de recherche de Twitter ou de Facebook pour se rendre compte à quel point cette question n'est pas anecdotique et que des communautés en ligne dissertent sur les risques liés à ces fumées.

D'une manière générale, on peut déterminer que 30 % des Français peuvent être amenés à croire à « quelques » théories du complot, ce qui est déjà loin d'être une attitude anecdotique. Quant au noyau dur du complotisme, c'est-à-dire ceux qui adhèrent à une vision du monde complotiste, il ne représente pas moins de 20 % des Français[2].

Figure 1. Adhésion aux différentes théories du complot en France en 2019 (Ifop)

	Total « D'accord »
Le ministère de la Santé est de mèche avec l'industrie pharmaceutique pour cacher au grand public la réalité sur la nocivité des vaccins	43 %
L'accident de voiture au cours duquel Lady Diana a perdu la vie est en fait un assassinat maquillé	34 %
Les Illuminati sont une organisation secrète qui cherche à manipuler la population	27 %
L'immigration est organisée délibérément par nos élites politiques, intellectuelles et médiatiques pour aboutir à terme au remplacement de la population européenne par une population immigrée	25 %
Seule une poignée d'initiés est capable de décrypter les signes de complot qui ont été inscrits sur les billets de banque, les logos de marques célèbres ou dans les clips musicaux	23 %
Il existe un complot sioniste à l'échelle mondiale	22 %
Le trafic de drogue international est en réalité contrôlé par la CIA	19 %
Le gouvernement américain a été impliqué dans la mise en œuvre des attentats du 11 septembre 2001	17 %
Les Américains ne sont jamais allés sur la Lune et la NASA a fabriqué de fausses preuves et de fausses images de l'atterrissage de la mission Apollo sur la Lune	9 %

Plus qu'une opposition stricte entre complotistes et anticomplotistes, nous sommes donc davantage en présence d'un continuum de méfiance face aux faits et aux informations qui émanent des institutions officielles : certaines personnes ne remettent jamais en cause les informations, d'autres doutent sans pour autant adopter systématiquement de raisonnements complotistes, tandis que les dernières – un Français sur cinq – vont systématiquement rechercher des explications complotistes alternatives aux grands événements qui bouleversent nos sociétés. Cette différence entre les deux dernières attitudes est révélée par les argumentaires des opposants au passe sanitaire. Prenons le cas de Hervé par exemple : il a 35 ans, est restaurateur et justifie son opposition à la mesure par l'impact du passe sur son activité. Il affirme aussi : « Avec tout l'impact négatif que ça a sur l'économie, on en viendrait presque à se demander s'il n'y a pas une autre raison derrière tout ça[3]. » Il ne développe pas encore de raisonnement complotiste, mais on perçoit néanmoins qu'il peut franchir le pas et adhère à un argumentaire pointant du doigt l'intérêt que tel ou tel groupe a eu dans la mise en place du passe sanitaire.

C'est cette ligne de crête qu'a dépassée Sandrine, 28 ans, mère au foyer, lorsqu'elle affirme : « Le passeport sanitaire est juste un moyen de nous obliger à nous faire vacciner, et à qui profite la vaccination ? Aux laboratoires pharmaceutiques, tous les petits copains de Macron qui vont s'enrichir grâce à un vaccin qui est très dangereux, comme tout le monde le sait. »

L'engrenage complotiste se fait toujours de la manière suivante : tout d'abord, une personne se met à douter, parfois de manière légitime, des informations qui lui sont fournies ; ensuite, elle se met à croire en totalité ou en partie à une thèse complotiste dont elle prend connaissance par hasard ; enfin, le point de non-retour, elle se met à adhérer à une vision complotiste du monde qui l'entoure : tous les événements s'expliquent désormais par l'action d'individus cachés dans l'ombre. Le fait de tomber dans cet engrenage complotiste ou d'y résister dépend aussi des caractéristiques sociales et politiques des individus.

Un renouvellement générationnel complotiste

Nous le disions, 20 % des Français peuvent être considérés comme particulièrement sensibles aux thèses conspirationnistes. Mais tous ne sont pas réceptifs de la même manière. Les jeunes sont ceux qui sont les plus adeptes des théories complotistes. Quasiment un tiers d'entre eux – 28 % des 18-24 ans et 27 % des 25-34 ans – croient à plus de la moitié des idées conspirationnistes qu'on leur présente, alors que ce chiffre tombe à 9 % pour les plus de 65 ans (Figure 2).

Ce constat est similaire avec un raisonnement « toutes choses égales par ailleurs » en prenant en compte le fait que les jeunes peuvent être sociologiquement ou politiquement différents de leurs aînés. À sexe, niveau de diplôme, comportement médiatique et politique similaires, l'impact de l'âge est réel. En d'autres termes, les jeunes générations, plus que toutes les autres, sont particulièrement sensibles aux théories du complot.

Sur le plan politique, cette posture est un enjeu majeur dans la mesure où les comportements et les visions politiques que l'on adopte dans notre jeunesse perdurent pour la plupart tout au long de la vie. Le complotiste d'aujourd'hui restera selon toute vraisemblance complotiste demain. Nous nous trouvons donc face à un renouvellement générationnel composé d'individus de plus en plus sensibles aux thèses complotistes. Si la question n'est pas traitée à la racine, cela peut donc laisser entrevoir un futur où une majorité de la population adoptera un tel comportement.

À cette différence en termes de générations se superpose une différence en termes de niveaux de diplôme et de catégorie socioprofessionnelle. Plus le niveau de diplôme augmente, plus la croyance dans les théories conspirationnistes a tendance à baisser. 27 % des non-diplômés et 28 % des titulaires d'un CAP ou d'un BEP adhèrent à plus de la moitié des thèses complotistes qui leur sont présentées. L'influence du niveau d'éducation sur l'adhésion aux théories conspirationnistes a poussé les pouvoirs publics à réagir. Depuis 2013, un module d'« Éducation aux médias et à l'information » est apparu dans les programmes des collèges et des lycées afin que les élèves « développent les connaissances, les compétences et la culture nécessaires à l'exercice de la citoyenneté dans la société contemporaine de l'information et de la communication[4] ».

Figure 2. Pourcentage de personnes croyant à plus de la moitié des thèses conspirationnistes présentées, en fonction de l'âge et du diplôme

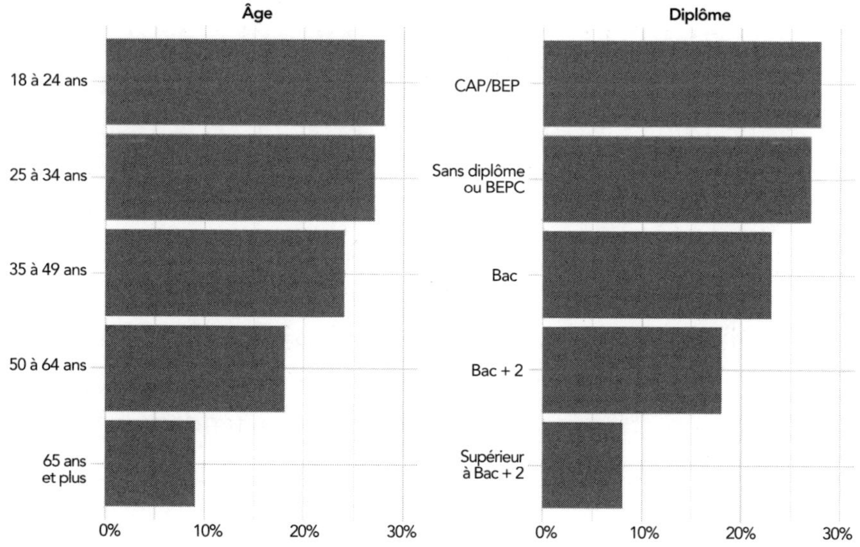

Source : Enquête Complotisme Ifop

Pourquoi les individus au niveau de diplôme plus faible adhèrent-ils davantage aux théories du complot ? Le premier réflexe serait de dire que ces personnes auraient beaucoup plus tendance à rechercher des raisons simples à des situations compliquées ou incompréhensibles[5]. Pourtant, cette idée ne tient pas dans la mesure où des citoyens d'un haut niveau d'éducation adhèrent aussi à ces théories. 18 % des Français ayant un Bac + 2 croient à plus de la moitié des thèses complotistes qu'on leur présente : ce chiffre est loin d'être négligeable.

Figure 3. Effets de l'âge et du niveau d'éducation sur l'adhésion aux théories du complot

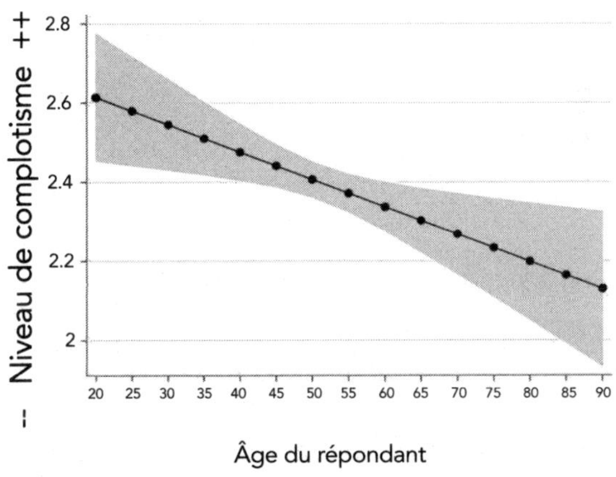

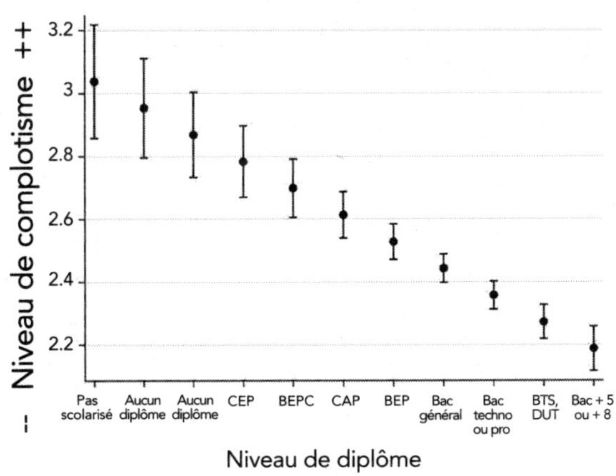

C'est donc vers une seconde explication qu'il faut se tourner, et regarder plutôt la façon dont les classes populaires considèrent leur place dans la société. Celles-ci partagent en effet l'impression d'être défavorisées, laissées pour compte et soumises au seul bon vouloir des classes dirigeantes. Or, les croyances complotistes permettent justement de justifier cette position inconfortable. Prenons le cas de Marion par exemple. Ancienne serveuse, elle a 38 ans et est au chômage depuis la rupture d'activité du bar dans lequel elle travaillait avant la pandémie. Voici comment elle témoigne de son opposition au passe sanitaire : « En temps normal, l'État nous laisse déjà à peine vivre, j'ai deux enfants et je m'en sortais déjà limite financièrement. Et maintenant on a même plus le droit de travailler, de se déplacer, de choisir comment on veut se soigner et se protéger. Ils le font exprès, leur but c'est de nous contrôler, d'habitude c'était par le porte-monnaie, moi à partir du 20 du mois c'est la galère, mais ça ne suffisait pas, maintenant il faut que ce soit par la loi. C'est complètement intolérable et ça montre bien que tout ça c'est leur but depuis le début. L'épidémie sert bien trop leurs intérêts pour que ce ne soit pas le cas. »

Dans le cas de Marion, comme dans le cas de nombre de Français défavorisés, la pandémie de Covid-19 a accéléré l'engrenage complotiste tant elle a engendré une série de grandes difficultés financières supplémentaires et renforcé un sentiment d'injustice latent. Si les classes supérieures ne sont pas en mesure de protéger les plus faibles, c'est qu'elles sont responsables de leur sort et des malheurs du quotidien. En fournissant des responsables, les théories conspirationnistes constituent aussi une sorte d'échappatoire psychologique[6].

Au-delà du profil type

Été 2021. Le passe sanitaire a été instauré depuis quelques semaines et les manifestations pour le dénoncer rassemblent tous les samedis une foule de plusieurs dizaines de milliers de personnes à travers la France. Malgré l'hétérogénéité des participants, une figure émerge dans les médias et sur les réseaux sociaux, au point de devenir le chantre de la mouvance antivaccin et des cercles complotistes les plus obscurs, jusqu'à comparer le vaccin à un viol[7]. Fabrice Di Vizio a 47 ans, il est un avocat réputé du barreau de Paris et ne correspond pas au « profil type » du citoyen sensible aux théories du complot.

Avec le Covid-19, le complotisme n'est plus l'apanage d'une jeunesse peu éduquée, défavorisée et en manque de repères. L'exemple de Fabrice Di Vizio est loin d'être unique. Dans cette perspective, une figure cristallise en France la crise sanitaire du printemps 2020 : celle du professeur de microbiologie et président de l'Institut hospitalo-universitaire de Marseille, Didier Raoult. Le professeur Raoult s'est retrouvé au milieu d'une controverse médicale lorsqu'il affirmait, rempli de certitudes et à l'inverse d'une immense majorité de ses confrères, que l'usage d'un médicament – l'hydroxychloroquine – était efficace pour lutter contre le Covid-19.

La rhétorique de Didier Raoult a pris des tournures complotistes à partir du moment où la plupart des études scientifiques menées dans le monde ont montré l'inefficacité de son protocole. Si ce traitement au Covid-19 se retrouve interdit en France, c'est selon lui pour des raisons économiques et politiques, et non pas scientifiques. En d'autres termes, les institutions scientifiques ne sont pas dignes de confiance tant leurs liens avec les différents laboratoires pharmaceutiques prêchant davantage pour leurs profits que pour la santé publique sont importants[8].

Au-delà de la thèse défendue, le discours à contre-courant du professeur Raoult a obtenu une audience considérable. Inconnu du grand public début 2020, Didier Raoult a fait la une des journaux, enchaîné les plateaux télévisés et multiplié les vidéos sur les différents réseaux sociaux. Fin mai 2020, 30 % des Français lui font ainsi davantage confiance qu'au ministre de la Santé, Olivier Véran, alors que l'inverse n'est vrai que pour 20 % des Français[9]. Il devient si populaire que de nombreux groupes de soutien se constituent en ligne sur les réseaux sociaux. Selon une étude réalisée pour le journal *Le Monde*, on dénombrait, début juillet 2020, plus de 90 groupes Facebook de soutien à Didier Raoult, auxquels seraient membres au total près de 1,1 million d'internautes[10].

À ce propos, notre enquête au sein de ces communautés virtuelles a permis de récolter le témoignage et les opinions de plus de 1 000 membres. Ceux-ci prouvent que ces internautes partagent une forte sensibilité complotiste.

Plus de 9 personnes sur 10 actives sur ces groupes sont en effet d'accord avec le fait que le ministère de la Santé est de mèche avec l'industrie pharmaceutique pour cacher la réalité sur la nocivité des vaccins, contre « seulement » 43 % des Français. Mais on constate surtout que les internautes les plus actifs n'ont pas du tout le profil type du complotiste, à savoir un jeune à faible niveau de diplôme : plus de 80 % des soutiens au professeur avaient plus de 50 ans dans ces cercles en ligne. Les catégories sociales supérieures sont par ailleurs surreprésentées dans notre échantillon : les cadres et professions intellectuelles supérieures représentent ainsi 42 % des répondants, soit bien davantage que leur poids dans la population française (18 %). Or, l'appartenance aux classes supérieures et moyennes supérieures se traduit assez logiquement par un niveau d'éducation assez élevé : 55 % des répondants ont au moins un Bac + 2, ce qui n'est pas la majorité de cette catégorie d'âge dans l'ensemble de la population française[11].

L'« épisode Raoult » montre donc que les croyances complotistes peuvent se diffuser au sein des classes supérieures. Il est aussi révélateur d'un autre phénomène : ses partisans se sont servis de leur niveau d'éducation et de leur statut social comme outil de légitimation des croyances complotistes. Le fait que des individus de catégories sociales supérieures soutiennent ces thèses donne plus de forces à ces dernières.

Prenons l'exemple de Rémi. Il a 67 ans et est retraité après une carrière de cadre dirigeant au sein d'une grande entreprise bancaire. Voici ce qu'il explique pour justifier son soutien au professeur Raoult : « Dans mon métier, on était toujours amené à faire des choix et à réagir dans l'urgence. C'est la même chose ici, même si l'hydroxychloroquine présente des risques, il faut y aller… Pourquoi Macron s'y oppose-t-il ? Ce sont ses relations dans les laboratoires pharmaceutiques qui le poussent à faire ça. Le but, nous obliger à se faire vacciner alors que le protocole Raoult empêche cela. J'ai contacté tout le monde autour de moi pour que l'on fasse pression sur Macron ! »

Contrairement aux classes populaires qui vivent leur croyance complotiste de manière plus individuelle et incertaine, le statut social de Rémi justifie à la fois l'assurance dont il fait preuve quant à sa croyance, mais également le prosélytisme qu'il s'autorise, tant il est habitué, grâce à sa position sociale, à avoir une posture de « leader d'opinion » au sein de ses cercles de relations.

Un facteur politique

Qui sont les citoyens, dans le spectre politique, les plus sensibles aux thèses complotistes ? Le positionnement partisan des individus est un facteur essentiel. On remarque que plus on s'écarte du cœur du pouvoir, plus les Français sont réceptifs à une vision complotiste du monde. Toutefois, il serait faux de dire que les marges électorales, de droite comme de gauche, partagent autant ces théories. L'adhésion au complotisme est maximale à l'extrême droite, chez les proches de Marine Le Pen et de Nicolas Dupont-Aignan et plus encore chez ceux de François Asselineau.

Le fait de se sentir éloigné du pouvoir, comme le sont les sympathisants de ces différents partis, cumulé à une très forte sensibilité nationaliste, peut s'articuler à des théories du complot qui montrent que les élites technocratiques essaient d'imposer un nouvel ordre mondial transnational à l'encontre des États-nations. La pandémie, qui par définition pose des problématiques qui dépassent les frontières, a largement renforcé ce phénomène. Si les leaders d'extrême droite jouent en général sur la peur des étrangers ou des immigrés, ils ont, à cette occasion, trouvé d'autres boucs émissaires. Dans la plupart des cas, l'accusé principal des théories complotistes d'extrême droite a été Big Pharma, un consortium de laboratoires pharmaceutiques qui serait à l'origine de la pandémie. Ces laboratoires tireraient un avantage pécuniaire avec la commercialisation de leurs vaccins, comme le sous-entend par exemple François Asselineau, président du parti UPR, qui, le 2 janvier 2021, tweete :

> « ⚠Vidéo édifiante sur les liens entre Big Pharma et la Commission EU
> Ces liens sont cachés aux parlementaires et ignorés du public. Ils expliquent les Mds€ surfacturés à EU (#vaccin) ou dépensés en pure perte (#Remdesivir)
> ⊖Cela recouvre probablement un vaste système de corruption »

Les liens privilégiés entre les thèses complotistes et les positionnements d'extrême droite se caractérisent aussi par l'influence de l'antisémitisme. Les élites cachées dans l'ombre à l'origine du complot sont ainsi régulièrement ramenées à leur origine juive, que celle-ci soit réelle ou fantasmée. Jean-Jacques Crèvecœur, coach en développement personnel et star de la mouvance antivaccin, n'hésite pas à expliquer, dans un de ses live diffusés sur les réseaux sociaux, que la mondialisation est orchestrée par les Juifs. Cette constatation rejoint les analyses faites outre-Atlantique où quatre Américains sur cinq croyant que le libéralisme a permis au peuple juif de détruire les institutions et de prendre le contrôle du monde adhèrent aussi à la théorie QAnon[12].

Les dérives complotistes ne concernent pas que l'extrême droite

Été 2018. L'affaire Benalla bat son plein en France et fait la une de tous les médias. Ce proche d'Emmanuel Macron est accusé d'avoir usurpé les fonctions de policier et d'avoir procédé à l'arrestation particulièrement violente de manifestants lors des manifestations du 1er Mai. Devant les remous provoqués, une commission d'enquête parlementaire est créée pour lever le voile. Christophe Castaner, alors patron de La République en marche et secrétaire d'État chargé des relations avec le Parlement, contre-attaque et explique que la commission aurait en réalité pour but de « faire tomber le président de la République ». Un complot pour destituer Emmanuel Macron est-il en jeu ? Clairement aucun : pas un seul parlementaire n'a demandé la destitution du président de la République. Les pouvoirs institués peuvent donc eux aussi être sensibles à cette torsion de la réalité.

Automne 2018. Le mouvement des Gilets jaunes est à l'origine d'une panique complotiste au sein de la majorité et de ses soutiens dans la population. Une *fake news* assez répandue à l'époque affirmait que les Gilets jaunes étaient manipulés par une puissance extérieure, la Russie ou même les États-Unis de Donald Trump. Début décembre 2018, le compte Twitter « Team Macron » publie ainsi un tweet censé montrer que le nom de domaine « giletsjaunes.com » avait été acheté en mai 2017 et était enregistré à Denver aux États-Unis. Dans la foulée, Émilie Chalas, députée de l'Isère, relaie l'information, accompagnée d'un commentaire :

« Ah… Donc Bannon…[13] » suivi de trois émojis apeurés. Aurore Bergé et Coralie Dubost, figures de La République en marche, relaient à leur tour cette fausse information, finalement contredite et ce, preuves à l'appui, par les sites de *fact checking* des principaux médias[14].

Quant à Emmanuel Macron, ce sont plutôt les supposés liens entre les Gilets jaunes et la Russie qui semblaient l'inquiéter. Dans un entretien informel donné au magazine *Le Point*, il estimait que les Gilets jaunes radicalisés étaient conseillés par la Russie[15]. D'ailleurs, cette théorie s'est vite disséminée au sein de la société. Début février 2019, selon un sondage Ifop, 24 % des Français étaient d'accord pour dire que « grâce aux réseaux sociaux, les Russes ont soutenu et amplifié significativement le mouvement des Gilets jaunes ». Ce chiffre montait à 27 % chez les personnes ayant voté Emmanuel Macron lors du premier tour de l'élection présidentielle de 2017[16], preuve s'il en est que les thèses complotistes ont de beaux jours devant elles, et pas seulement dans les marges du champ électoral.

Il ne faut donc pas céder à la facilité et présenter les complotistes comme une bande d'« idiots ignares ». Avec 20 % de Français « largement perméables » aux théories du complot, 30 % « quelquefois perméables », la moitié des Français sont des citoyens qui doutent. Et ces doutes traversent la société.

Chapitre II

Une nouvelle vision du monde

Franck a 35 ans, il manifeste tous les samedis contre le passe sanitaire, un « instrument créé pour asservir les plus faibles » selon lui. Il ne croit pas par ailleurs à la version officielle des attentats du 11 septembre 2001. Quant à la prochaine élection présidentielle, il refuse d'y participer, car selon lui, les conditions ne sont pas remplies pour être sûr que les scrutins ne sont pas truqués. Le complotisme n'est pas un simple effet de mode, c'est une nouvelle vision du monde qui nous entoure.

L'adhésion aux théories du complot est un phénomène massif en France De la croyance dans les Illuminati ou dans l'existence d'un complot sioniste à l'échelle mondiale en passant par les doutes sur le fait que les Américains aient véritablement marché sur la Lune… lorsque l'on s'arrête quelques instants sur ces différentes thèses, on ne peut qu'être frappé par leur caractère hétéroclite : elles n'ont rien à voir les unes avec les autres. Pour autant, les croyances dans ces théories du complot s'agrègent quasiment parfaitement les unes aux autres. Une personne croyant que les industries pharmaceutiques sont de mèche avec les gouvernements pour écouler des stocks de vaccins nocifs aura également davantage tendance à croire que les élections sont truquées et que ceux qui gouvernent réellement ne sont pas les élus, mais plutôt des individus tapis dans l'ombre. Nous sommes face à une mutation du phénomène complotiste qui ne consiste pas seulement à adhérer à une seule théorie, mais plutôt à adopter une vision du monde. Pour ces personnes chez qui la suspicion règne en maître, tous les événements significatifs touchant nos sociétés s'expliquent en réalité par l'action d'individus à qui « profite le crime ».

À l'image de Franck, Didier, qui est actif sur un groupe anti-vaccination contre le Covid-19, explique ainsi sa position : « Ce n'est pas tant ce vaccin en particulier qui me dérange, ce n'est pas tant les vaccins en général d'ailleurs. J'ai simplement l'impression que l'on est dans une société qui est de plus en plus coercitive, sur laquelle on n'a plus aucun contrôle et qui est en train de nous imposer quelque chose de dangereux. Comment peut-on se fier à des gouvernements, à des entreprises qui ont produit autant de misère et d'injustices depuis des décennies ? L'épidémie de coronavirus, c'est la conséquence des erreurs de toutes ces personnes qui détruisent la planète, qui détruisent le système de santé… Et il faudrait que l'on accepte la vaccination sans broncher et que l'on prenne un risque pour elles alors que le problème vient justement d'elles ? Alors oui, quand je vois tout ça, j'ai du mal à me dire que c'est pas fait exprès et qu'il n'y a pas quelques personnes qui vont bizarrement en tirer de gros bénéfices… Il n'y a qu'à voir le P-DG de Pfizer déjà. »

Avec le fait qu'un ou plusieurs individus seraient à l'origine de l'épidémie, l'idée que « c'est fait exprès », on perçoit qu'il ne s'agit pas seulement d'une croyance, mais d'un raisonnement complotiste. Pour Didier, comme pour beaucoup d'autres, la délégitimation des institutions est telle que le soupçon est permis en toutes circonstances, et c'est là un point essentiel.

Cette vision complotiste du monde se caractérise par trois éléments. D'une part, c'est une vision politique du monde ; d'autre part, il s'agit en grande partie de la mutation d'une forme de populisme ; enfin, il s'agit davantage d'une idéologie « dégradée », prenant appui sur des idéologies existantes et présentant davantage un constat du monde que des pistes de solution. En effet, on définit classiquement une idéologie comme étant une vision de « comment le monde est et devrait être[1] » si l'on reprend la définition classique de Freeden. Or, si le complotisme présente bien une vision du monde tel qu'il est, c'est-à-dire dominé par des élites corrompues qui tirent les ficelles dans l'ombre, il ne présente pas explicitement de vision du monde tel qu'il devrait être.

À la racine : le complotisme politique

Les « déconspirateurs » aiment le spectaculaire. L'activité favorite des spécialistes du débunkage de *fake news* et de théories conspirationnistes est souvent la même : prendre l'extrait d'une personne connue – au choix, un acteur ou une actrice, un influenceur ou une influenceuse Instagram – expliquant une théorie conspirationniste délirante, et se moquer de la théorie tout comme de la personne qui la produit. C'est le cas d'une vidéo d'une internaute expliquant que le nom du variant « Delta » avait été choisi à cause du symbole delta, un triangle, qui se rapprocherait de celui des Illuminati. Ceux-ci seraient donc les véritables responsables de l'épidémie. C'est également la vidéo de Kim Glow, influenceuse sur Instagram, qui explique que le vaccin contre le Covid-19 contiendrait des microparticules activées avec la 5G. C'est encore le cas de ces multiples vidéos d'internautes cherchant à montrer qu'ils étaient désormais capables de faire adhérer un aimant sur leur peau à la suite de leur vaccination.

Tous ces extraits ont entraîné des critiques massives de la part des déconspirateurs : le relais opéré par des personnalités est un aspect préoccupant pour le grand public. La critique des *people* conspirationnistes a ainsi fait l'objet d'une émission dédiée avec deux spécialistes du débunkage des théories complotistes : Tristan Mendès France, maître de conférence en culture du numérique, et Rudy Reichstadt, fondateur du site *Conspiracywatch*[2]. Pourtant, une telle démarche manque un point central dans l'analyse.

Si les croyances dans les théories conspirationnistes s'agrègent les unes aux autres, au point de constituer une vision du monde qui nous entoure, le point de départ ne se situe pas n'importe où. Certes, se saisir des aspects spectaculaires du complotisme présente l'avantage de pouvoir s'en moquer facilement et de « débunker » ces théories en quelques phrases. Mais l'aspect problématique se situe dans la dimension politique du conspirationnisme. L'adhésion se fait par un versant politique, par les thèses incriminant les élites politiques, économiques et médiatiques jusqu'à gangrener d'autres milieux et pointer du doigt d'autres responsables. Souvenons-nous ainsi que la théorie du complot qui récolte le plus d'adhésions en France est celle qui dénonce les collusions entre les élites politiques et les élites économiques pour cacher la réalité sur la nocivité des vaccins. Croire que les gouvernements, les élites politiques, médiatiques et économiques sont corrompus au point de mettre en danger la vie des citoyens est à l'origine de la vision complotiste du monde.

Ce sont d'ailleurs les théories complotistes pointant du doigt les institutions politiques, médiatiques ou économiques qui se sont le plus développées dans les dernières années. Regardons les théories devenues des sujets de préoccupation comme la théorie QAnon, aux États-Unis, dénonçant un complot au sein de l'administration américaine et, en France, le fait qu'au début de l'épidémie de Covid-19 les médias, gouvernements et les institutions internationales cachaient la vérité, soit sur l'origine de l'épidémie, soit sur ses conséquences réelles, soit sur la dangerosité des vaccins, soit sur les buts réels des mesures sanitaires. Ces théories s'en prenaient toutes à la même cible : les élites, que ces élites soient économiques, politiques ou médiatiques.

Du populisme au complotisme

« Avant, je pensais que nos gouvernants n'avaient aucune légitimité pour nous représenter, maintenant je pense même qu'ils n'ont aucune légitimité pour nous informer. Ces gens mentent tout le temps », explique Florent, 42 ans, opposant au passe sanitaire. Avec le complotisme, le problème n'est plus tant qu'une partie de la population n'accepte plus d'être dirigée par ces élites, mais que leur parole même et la légalité de leurs actions sont questionnées en permanence. À bien des égards, la vision du monde complotiste peut s'analyser comme une évolution de la vision du monde « populiste ».

Le lien qui existe entre le complotisme et les attitudes populistes a ainsi été prouvé d'un point de vue statistique[3]. Par ailleurs, de nombreux représentants politiques et de nombreux médias classiques sont passés d'une dénonciation du populisme à une dénonciation du complotisme. Le concept de « populisme » a pendant longtemps été utilisé pour discréditer les mouvements et les leaders politiques jugés trop extrémistes et utilisant une rhétorique trop simpliste. Pour autant, il correspond à une vraie mutation du fait politique au sein de nos sociétés occidentales. Alors que depuis la Révolution française l'opposition politique classique se faisait entre la droite et la gauche, le populisme comme vision du monde vient dresser une frontière antagonique entre le peuple d'un côté et le pouvoir de l'autre[4]. Dans ces conditions, « ceux d'en haut » n'auraient aucune légitimité pour diriger « ceux d'en bas ».

Les chercheurs utilisent une batterie de six questions pour mesurer les attitudes populistes de la population[5]. Or, comme le montre le tableau ci-dessous (Figure 4) réalisé à partir des données du Cevipof, les Français sont particulièrement perméables à une vision populiste du monde. Le mouvement des Gilets jaunes à l'automne 2018 a d'ailleurs été l'archétype d'un mouvement populiste, tant dans sa genèse que dans le fait qu'il mettait au centre de ses revendications le référendum d'initiative citoyenne, censé instaurer une forme beaucoup plus directe de démocratie.

Figure 4. Les attitudes populistes chez les Français

Les hommes politiques parlent trop et n'agissent pas assez	74 %
Les responsables politiques sont déconnectés de la réalité et ne servent que leurs propres intérêts	70 %
Les différences politiques entre les citoyens ordinaires et les élites sont plus grandes que les différences entre les citoyens	62 %
Je préférerais être représenté par un citoyen ordinaire plutôt que par un politicien professionnel	53 %
C'est le peuple et pas les responsables politiques qui devrait prendre les décisions politiques les plus importantes	46 %
En politique, lorsqu'on parle de compromis, c'est qu'on renonce en réalité à ses principes	46 %

Or, lorsque l'impression de déconnexion entre le peuple et le pouvoir persiste, lorsque celui-ci n'est plus jugé légitime de manière durable pour représenter les citoyens, cela peut entraîner une radicalisation de cette coupure qui se matérialise dans le complotisme. Entendons-nous bien, cela ne veut pas dire que les personnes qui adoptent des attitudes populistes sont complotistes : l'un n'est pas un équivalent de l'autre. Cela signifie simplement que la vision du monde complotiste provient d'une radicalisation de la vision populiste.

C'est pour cette raison que, *stricto sensu*, il est inexact de parler de « croyance dans des théories du complot » : la théorisation est finalement quelque chose de secondaire dans la croyance. Avoir une vision du monde complotiste ne signifie pas croire forcément que les élites sont derrière tous les événements auxquels nous sommes soumis, mais signifie que les élites seraient si délégitimées et si corrompues qu'elles *pourraient être* à l'origine de ces événements parce qu'elles ont la possibilité matérielle de les faire advenir sans scrupule.

Un commentaire d'une personne active sur un groupe de soutien au professeur Raoult exprimait par exemple le fait qu'il était selon lui tout à fait probable que la mise au ban de l'hydroxychloroquine par les institutions scientifiques et le gouvernement français pouvait provenir de la corruption des élites politiques et économiques. Il concluait son propos de la manière suivante : « Ces gens sont capables de tout… »

Une vision chaotique du monde

Le complotisme est une vision du monde qui nous entoure, mais ce n'est pourtant pas une idéologie en tant que telle. D'une part, le complotisme s'agrège à des idéologies existantes – d'extrême droite le plus souvent. D'autre part, si le complotisme veut présenter une vision du monde tel qu'il est, il ne dit finalement rien de comment il devrait être.

Concentrons-nous tout d'abord sur le premier aspect. Le complotisme réutilise des éléments des théories politiques traditionnelles en les réinterprétant de manière plus simple et manichéenne. Puisqu'elles se lient à une ancienne structuration politique du champ partisan, il est possible de caractériser un complotisme de gauche et un complotisme de droite. Prenant le cas des États-Unis, Véronique Campion-Vincent[6] met ainsi en lumière une théorie du complot de droite : l'État fédéral serait au service de la population afro-américaine et juive pour prendre le contrôle du pays au détriment de la population blanche et chrétienne. À cette théorie du complot « de droite », s'oppose une théorie du complot « de gauche », montrant que les principales élites du pays et du monde, en particulier les élites économiques (Organisation mondiale du commerce, famille Rockefeller, Bill Gates), chercheraient à créer un nouvel ordre mondial dans lequel les citoyens lambda seraient totalement privés de libertés.

Dans le cas français, on remarque également que certaines théories se lient beaucoup plus facilement à la droite ou à la gauche. La théorie complotiste selon laquelle l'immigration est organisée délibérément par nos élites pour aboutir au remplacement de la population européenne par une population immigrée colle aux inquiétudes de la droite concernant le phénomène migratoire. Au contraire, la critique complotiste d'une collusion entre l'État et l'industrie pharmaceutique pour cacher la réalité sur la nocivité des vaccins se lie plus aux préoccupations traditionnelles de la gauche concernant le poids et l'influence des grandes entreprises.

Lorsque la contestation de l'ordre social établi ne trouve pas de débouchés dans les idéologies traditionnelles et les programmes politiques classiques, la contestation peut être amenée à muter en prenant des formes et des mots d'ordre inhabituels. C'est le cas avec la vision du monde complotiste, qui est en quelque sorte une vision politique « dégradée » pouvant à la fois s'appuyer sur des idéologies traditionnelles de droite et des idéologies traditionnelles de gauche.

L'évolution actuelle de la politique se fait vers l'utilisation de toujours plus de raccourcis et d'un *storytelling* acharné. Reprenons les deux exemples utilisés plus haut, la théorie du « grand remplacement » d'un côté et celle de la collusion État-industrie pharmaceutique de l'autre. Un positionnement classique de droite aurait consisté à critiquer l'immigration, jugée trop coûteuse par exemple ou incompatible d'un point de vue culturel avec la société française. Mais il n'aurait pas été question de pointer une intention des élites à vouloir remplacer la population européenne par une population immigrée. Concernant la théorie de la collusion État-industrie pharmaceutique, une critique traditionnelle de gauche aurait consisté à pointer du doigt un système économique dans lequel les grandes entreprises ont une telle assise financière qu'elles ont la capacité de faire pression sur les États, au point d'être en position de force dans les négociations et d'insérer dans les contrats des clauses les protégeant.

« Tous ces gens nous mentent en permanence, il faut qu'ils dégagent tous sans exception. Les politiques, les journalistes, les grands patrons. On n'en veut plus », explique Corinne à la fin d'une argumentation contre les mesures sanitaires décidées par le gouvernement tout au long de la pandémie. Le passage des idéologies politiques classiques au conspirationnisme se fait par une simplification à outrance des mécanismes décriés mais surtout par la focalisation sur des personnes, responsables de tous les maux, plutôt que sur des structures.

Il peut s'articuler à des idéologies existantes de droite ou de gauche, être utilisé par certains acteurs politiques y voyant une réserve de voix prometteuse, mais il ne propose aucune alternative, aucun modèle de société concurrent, à part de détruire les mécanismes de pouvoir et le type de société que nous connaissons actuellement.

Chapitre III

De la vision à l'action

Le 4 décembre 2016, aux États-Unis, Edgar Madisson Welch, jeune homme de 28 ans se sent investi d'une mission. Armé d'un fusil automatique, il conduit plus de 500 kilomètres entre la Caroline du Nord, où il réside, et une pizzeria de Washington D.C. Arrivé à destination, il menace un employé avant de faire feu. Heureusement, personne n'est blessé et l'homme se rend à la police. Que recherchait-il ? Selon ses déclarations, il voulait « enquêter par lui-même » sur la rumeur selon laquelle des enfants esclaves sexuels étaient détenus dans l'établissement.

L'action d'Edgar Madisson Welch ne constitue pour autant pas un fait divers ordinaire causé par un illuminé. Il marque l'aboutissement d'une théorie du complot relayée lors de la campagne présidentielle de 2016 aux États-Unis. En interprétant une série de mails de l'ancien directeur de campagne d'Hillary Clinton, John Podesta, divulgués par WikiLeaks, un internaute du réseau social 4chan a ainsi cru comprendre un code secret relié à cette pizzeria : celle-ci cacherait en sous-sol un réseau pédophile, dont ce même John Podesta serait à la tête. Cette théorie a fait grand bruit dans les milieux d'extrême droite américaine et dans les soutiens pro-Trump, très actifs sur les boucles de discussion en ligne 4chan et Reddit. Mais plus que de provoquer une simple radicalisation des soutiens pro-Trump, la croyance dans cette théorie du complot s'est matérialisée par une action concrète et violente d'un homme, mais également par une multitude de menaces de mort à l'encontre du propriétaire de la pizzeria en question.

13 avril 2021, en France, trois hommes enlèvent une petite fille de 8 ans au domicile de sa grand-mère maternelle qui en a la garde. Elle sera retrouvée saine et sauve quelques jours plus tard dans un squat en Suisse. L'enquête met vite au centre de l'enlèvement Rémy Daillet-Wiedemann, un quinquagénaire, ancien responsable du MoDem

en Haute-Garonne, figure surtout bien connue du milieu conspirationniste. À la tête d'un site intitulé « Appel au renversement du gouvernement de la République française », il développe un argumentaire anti-avortement, anti-vaccination ou anti-5G. Cherchant à se défendre après l'enlèvement de la petite Mia, il déclare dans une vidéo : « Notre organisation, libre, résistante, rend des enfants kidnappés par l'État à des parents, à leur demande. Il n'y a donc absolument pas d'enlèvement. »

On pourrait multiplier les exemples de cette nature, et l'action des complotistes peut ainsi avoir de terribles conséquences. Ils prouvent que les complotistes ne sont pas que des illuminés. Au contraire, leurs actions peuvent avoir de terribles conséquences. Mais comment le passage d'une vision complotiste à l'action se réalise-t-il ? Comment des personnes activent-elles leurs croyances complotistes pour les transformer sur le terrain ?

Le complotisme porte en lui les germes d'un comportement plus radical. Naviguer au cœur des groupes en ligne complotistes est instructif tant le champ lexical de la haine et du dégoût y est développé. « Je les déteste », dit l'un en parlant des élites politiques ; « il ne faudrait pas me laisser cinq minutes dans la même pièce avec eux, ça ferait très très mal », répond un autre. Ces sentiments sont souvent si forts qu'ils vont de pair avec une acceptation des comportements illégaux et des actions violentes. Mais passer à leur réalisation nécessite un détonateur. Un mouvement devient dangereux lorsqu'il se lie à un acteur politique. Ce dernier poursuit en général une logique électorale et peut se saisir de la haine pour arriver à ses fins.

De la croyance à l'action

L'inclination complotiste des Français ne s'est pas traduite en mouvements d'ampleur sur le terrain au début de la pandémie de Covid-19. Les manifestations contre le passe sanitaire se sont développées à l'été 2021, tandis que les rassemblements plus massifs qui avaient eu lieu auparavant en Allemagne et aux Pays-Bas avaient déjà montré la perméabilité des manifestants aux théories complotistes. Pourquoi l'opposition aux mesures sanitaires s'est-elle concrétisée plus tardivement en France ?

Il existe en réalité des attitudes intermédiaires entre la croyance et l'action. Il s'agit d'accepter une série de comportements à la marge de la loi, voire illégaux, sans pour autant leur donner un sens politique. Avant toute action collective, une acceptation individuelle de la légitimité de l'action est en effet indispensable. Des études menées au Royaume-Uni ont ainsi montré que plus une personne croyait dans les différentes thèses complotistes relatives à l'épidémie, plus elle allait avoir tendance à juger légitime de ne pas respecter les mesures sanitaires[1].

Sur le terrain politique, si certains ont pu craindre une forte politisation du complotisme, force est de constater que le phénomène est resté relativement restreint, comme en témoignent les scores électoraux des listes « covido-sceptiques » aux élections régionales de 2021. Chapeautées par le site Réinfo Covid de l'anesthésiste-réanimateur Louis Fouché, elles n'ont recueilli, dans le meilleur des cas, que quelques milliers de voix.

En revanche, le conspirationnisme est un risque pour la cohésion sociale au regard des modes d'actions politiques jugés légitimes. Une étude a montré qu'il existait une forte corrélation entre le fait d'adhérer aux théories du complot et l'acceptation de la violence politique, comme le fait d'en appeler à la violence lors de manifestations ou de considérer comme légitime d'agresser physiquement un représentant politique[2]. Le complotisme présuppose donc une rupture du pacte social et du lien qui unit les citoyens. La déconnexion entre les citoyens, d'une part, et, d'autre part, des élites qui seraient à l'origine de tous les événements auxquels nous sommes confrontés est si grande, irréparable presque, qu'elle se mue en haine jusqu'à se concrétiser en actions dans la sphère publique. Les croyances complotistes constituent donc une poudrière qu'une seule allumette peut embraser. Et cette allumette prend souvent la forme d'un responsable politique.

Quand le complotisme se lie à une entreprise politique

Le 6 janvier 2021, les États-Unis se sont retrouvés au centre de l'attention de la planète. Alors que le Congrès se réunit pour certifier les résultats du vote du collège électoral formé après l'élection présidentielle qui a désigné Joe Biden vainqueur face à Donald Trump, des milliers de manifestants pro-Trump se rassemblent pour afficher leur soutien au président encore en exercice et tenter d'empêcher la validation des résultats. Résolus à faire entendre leur voix coûte que coûte, ils marchent vers le Capitole qu'ils parviennent à occuper pendant quelques heures. L'émeute se solde par quatre morts, plus d'une centaine de blessés et plus de quatre cent quarante arrestations.

Si ces militants font preuve d'autant d'acharnement et d'autant de violence, et s'ils n'hésitent pas à s'en prendre à un des symboles de leur pays qu'ils disent pourtant chercher à sauver, c'est qu'ils se sentent investis d'une mission : pour eux, l'élection a été volée par le Parti démocrate et par les élites qui en sont proches. Donald Trump serait le véritable vainqueur de l'élection présidentielle, et il faut donc le soutenir à tout prix. Cette contestation du résultat de l'élection est particulièrement développée par les QAnon. Depuis 2017, sur le réseau 4chan, un groupe a pris de plus en plus d'importance. Il est né dans la foulée du « *pizzagate* » que nous évoquions plus haut, et ses adeptes partagent l'idée qu'il existerait aux États-Unis une guerre secrète entre Donald

Trump et un « État profond ». La théorie QAnon a ainsi des ramifications iconoclastes, comme le fait que les élites du Parti démocrate seraient coupables d'abus sur des enfants dont ils boiraient le sang pour en faire une cure de jouvence. En revanche, la thèse principale est politique : une multitude d'élites liées aux milieux démocrates financiers et médiatiques tireraient les ficelles dans l'ombre. Ces élites seraient les véritables détentrices du pouvoir, et non le gouvernement de Trump légitimement élu en 2016. Pour se rendre compte de la puissance de cette théorie, un électeur républicain sur deux y adhère au terme du mandat de Donald Trump.

Or, la théorie QAnon pose une question sur le plan démocratique dans la mesure où elle s'est matérialisée dans des actions violentes, justement parce qu'un responsable politique, Donald Trump en l'occurrence, a été en mesure d'instrumentaliser le soubassement complotiste d'une partie substantielle de son électorat. Le danger du complotisme se retrouve ainsi clairement quand il se lie à une entreprise politique : il se donne la possibilité de se matérialiser dans des actions concrètes. Donald Trump a compris que, si hétérogènes soient ses partisans, son cœur de cible électoral se rassemblait sur un point particulier : la détestation des élites démocrates, jusqu'à être prêt à croire en n'importe quelle théorie complotiste à même d'incriminer ces élites.

Dans ces conditions, il n'est donc pas étonnant que Donald Trump ou ses principaux lieutenants aient passé une partie de leur mandat à souffler sur les braises QAnon. Une ONG a ainsi comptabilisé pas moins de deux cent seize tweets du président américain faisant la publicité de la mouvance QAnon[3]. Mais plus encore, cette stratégie s'est manifestée par l'investiture donnée à quatorze personnalités liées à la mouvance QAnon par le Parti républicain pour se mêler à la course au Congrès. Cette tactique est à même de poser un réel problème pour la stabilité de la démocratie.

Lorsque la fracture qui existe entre une partie substantielle de la population et les différentes élites politiques, médiatiques et économiques n'est pas comblée, celle-ci se transforme en haine viscérale. De cette haine peuvent naître les croyances les plus complotistes tant que ces dernières pointent du doigt la responsabilité sous-jacente des élites détestées. Mais il manque encore une donnée à l'équation. Ces croyances politiques latentes ne se transforment pas automatiquement en action. Pour ce faire, il faut qu'elles soient activées d'une manière ou d'une autre par un acteur politique qui comprend l'intérêt mobilisateur du complotisme dans la période d'extrême tension que nous traversons aujourd'hui. En France, le basculement est-il possible ?

Chapitre IV

2022, élection complotiste ?

Le 29 septembre 2021, le président Emmanuel Macron lance en grande pompe la commission Bronner, du nom de Gérald Bronner, professeur de sociologie fortement médiatisé et spécialiste des questions de complotisme. Composée de plus d'une dizaine d'universitaires et de personnalités travaillant sur cette question, son but est de « restaurer les Lumières à l'ère numérique[1] ». Quelques semaines plus tôt, Clément Beaune, secrétaire d'État aux Affaires européennes, avait affirmé pour sa part que, « en 2022, la présidentielle et les législatives vont se jouer sur un clivage entre ceux qui assument la complexité, la raison, la science, une forme de modération verbale et politique, et ceux qui jouent des effets de polémiques et de division[2] », dans une attaque à demi-mot contre des responsables politiques situés « aux extrêmes », un peu trop tentés de surfer sur la vague complotiste.

À quel point la question complotiste est-elle en mesure d'influencer le déroulement de l'élection présidentielle ? Si l'on regarde outre-Atlantique, aux États-Unis où les croyances QAnon se sont massivement implantées au sein de l'électorat républicain, on se rend compte que le fait complotiste peut marquer profondément le cours d'une élection et avoir des conséquences importantes sur la vie publique, même après les résultats officiels. Pourtant, en France, on pourrait de prime abord être tenté d'avoir un regain d'optimisme. En effet, alors que l'on disait le complotisme florissant à la fin de l'année 2020, les listes aux relents complotistes qui s'étaient formées lors des élections régionales pour dénoncer une épidémie montée de toutes pièces ont obtenu des scores particulièrement faibles lors du scrutin, ne dépassant jamais 1 % des suffrages. Sommes-nous pour autant à l'abri en vue de la prochaine présidentielle ?

La crise sanitaire : terreau du complotisme

Les questions sanitaires ont toujours été des sujets sur lesquels les théories complotistes se sont développées, parce que les enjeux de santé font peser sur les individus un risque immédiat et qu'ils sont à même de susciter de nombreux fantasmes qui renforcent ces croyances. Nous le disions également, le danger se produit lorsque des acteurs politiques se lient à la sphère complotiste.

La crise sanitaire liée à l'épidémie de Covid-19 a semé les graines d'un phénomène complotiste qui ne demande qu'à germer. Il ne faut bien sûr pas réduire tous les mouvements d'opposition à la politique sanitaire du gouvernement à cela, les conspirationnistes ne représentant que la portion congrue des opposants. Mais il est néanmoins tout aussi vrai que les théories complotistes sont bien davantage liées à ces mouvements d'opposition qu'auparavant. Prenons le mouvement contre le passe sanitaire de l'été 2021. Ce mouvement fut très hétéroclite, rassemblant aussi bien des sceptiques au sujet de la vaccination que des personnes dénonçant des mesures attentatoires à leurs libertés, ou encore des personnes trouvant illégitimes les acteurs politiques à l'origine de ces mesures. On y retrouve par exemple Florence, 52 ans, qui a été de toutes les manifestations de Gilets jaunes et qui espère que cette mobilisation sera l'occasion de faire repartir le mouvement. On y voit aussi Damien, 35 ans, affirmant haut et fort que « tous les vaccins sont du poison ». Il y a également Tiphaine, 25 ans, qui ne veut pas que « sa génération soit celle du contrôle et des QR Codes ».

On a vite perçu à l'époque que l'état de tension et de crispation au sein de ces mouvements envers les mesures gouvernementales était tel que, sans être conspirationnistes, ces personnes pouvaient être tentées de prêter une oreille attentive aux théories complotistes. Florence, Damien et Tiphaine évoquent ainsi tous trois au cours de leurs entretiens l'influence de Big Pharma sur la pandémie dans leur argumentaire pour justifier leur mobilisation.

Voyant ce terreau populaire de défiance complètement chauffé à blanc et prêt à muter en une vision du monde complotiste, des acteurs politiques ont saisi la balle au bond. C'est le cas en premier lieu de Florian Philippot, ancien bras droit de Marine Le Pen au Front national, défenseur du souverainisme qui, n'ayant pas réussi à faire décoller son mouvement des Patriotes avec les mêmes recettes que celles qui avaient été les siennes dans le parti frontiste, s'est reconverti de manière opportuniste dans une lutte sans merci contre les mesures sanitaires mises en place par le gouvernement. S'il ne verse pas directement dans le complotisme, il attise néanmoins par son outrance verbale les sensibilités conspirationnistes, qualifiant tantôt les mesures de « dictature sanitaire », ou fustigeant la création d'un nouvel « apartheid » avec le passe sanitaire. Il n'hésite pas non plus à se mettre en scène dans les manifestations avec certains adeptes du complotisme, comme l'avocat Fabrice Di Vizio. Et en termes d'audience sur les réseaux sociaux, les résultats sont plutôt spectaculaires. Alors qu'au commencement de l'épidémie sa chaîne YouTube culminait à 16 000 abonnés, le leader des Patriotes en totalise désormais 240 000[3].

Radicalisation du débat public et simplification à l'extrême des raisonnements

Le leader des Patriotes constitue un exemple typique d'une tendance qui simplifie à outrance les raisonnements, en établissant parfois des parallèles douteux pouvant laisser penser à des glissements complotistes.

Prenons le cas de Jean-Luc Mélenchon, qui à l'antenne de France Inter, début juin 2021, déclare : « Vous verrez que dans la dernière semaine de la campagne présidentielle nous aurons un grave incident, ou un meurtre. Ça a été Merah en 2012, l'attentat la dernière semaine sur les Champs-Élysées. Avant on avait eu papi Voise, dont plus personne n'a jamais entendu parler. Tout ça, c'est écrit d'avance. Nous aurons le petit personnage sorti du chapeau, nous aurons l'événement gravissime qui va une fois de plus permettre de montrer du doigt les musulmans et d'inventer une guerre civile. C'est bateau, tout ça. »

Cette tirade du leader des Insoumis n'a pas manqué de susciter de nombreuses réactions médiatiques et politiques l'accusant de verser dans le complotisme vu qu'il avait laissé supposer que des attentats, voire des agressions, pourraient être organisés délibérément (par qui ?) en période électorale afin de modifier le cours des scrutins. Marlène Schiappa a ainsi dénoncé chez Jean-Luc Mélenchon « un mélange de paranoïa et de complotisme », quand la Licra a tweeté : « Cette manière d'expliquer le passé et de prédire l'avenir a un nom : le #complotisme. C'est un fonds de commerce détestable qui repose sur un mode de pensée simpliste et opportuniste, que tout citoyen responsable doit dénoncer[4]. » Dans la foulée, Mélenchon s'est défendu de ces accusations, non seulement *via* Twitter, mais aussi dans un long post de blog[5], en expliquant que les terroristes choisissent les périodes où la visibilité est maximale pour commettre leurs méfaits et que la forte médiatisation de ces événements qui en résulte a des conséquences sur le déroulement des élections.

Cet épisode est en soi instructif. Nous sommes en présence d'un engrenage vicieux. D'un côté, les leaders politiques, plutôt situés dans les partis contestataires, cèdent à la facilité avec des parallèles chocs, mais peu étayés, flirtant avec le complotisme. D'un autre côté, le parti majoritaire, voire les élites des partis bien établis dans le champ politique, n'hésitent pas à qualifier toute forme d'opposition de complotiste. Cela ne fait d'ailleurs qu'accélérer une tendance déjà présente dans le champ politique depuis plusieurs années : qui ne se souvient pas par exemple de François Fillon accusant l'action d'un prétendu « cabinet noir » sous la houlette de François Hollande pour justifier ses ennuis judiciaires et ceux de sa femme ? Cela est aussi vrai pour les militants et les sympathisants de ces mouvements, qui, par mimétisme, ont recours au qualificatif de « complotiste » pour attaquer leurs adversaires politiques. Face à ce risque, l'opposition peut être tentée de reprendre en main la question complotiste. C'est par exemple le cas d'Éric Zemmour qui, avant même d'annoncer sa candidature à la présidentielle, écrivait dans une tribune au FigaroVox : « Le complotisme, ce mot des élites pour disqualifier toute critique[6]. » Plus récemment encore, c'est Philippe de Villiers, soutien d'Éric Zemmour et figure du souverainisme de droite, qui, interviewé en décembre 2021 sur CNews, lance après une saillie contre la stratégie vaccinale du gouvernement : « On est gouverné par Big Pharma, Big Data, Big Finance. » Lors de la même période, c'est une rumeur provenant des milieux d'extrême droite, proches de la sphère complotiste QAnon, qui s'est propagée sur les réseaux sociaux : Brigitte Macron serait en fait transsexuelle et son vrai nom serait Jean-Michel Trogneux[7].

L'univers médiatique et politique est donc actuellement saturé par la question complotiste. Ces dynamiques politiques et médiatiques ne sont pas sans conséquences au sein de la société. Nous nous trouvons face à une polarisation en deux camps irréconciliables. Toute personne n'adhérant pas à la politique gouvernementale peut être amenée à penser que le complotisme est la nouvelle forme d'opposition « normale » et que ce type de raisonnement est aussi légitime qu'un autre. C'est typiquement l'exemple de Thomas, 30 ans et fortement opposé à l'obligation de porter le masque en extérieur car le jugeant inutile, qui déclare : « À force de nous caricaturer et de nous traiter de complotistes à tout bout de champ, on va vraiment finir par le devenir ! Les radicaux, ce sont eux, pas nous ! »

La question complotiste a toutes les chances d'être au centre des prochaines élections. Quelles en seraient les conséquences concrètes ? Voir un acteur politique conspirationniste l'emporter relève à l'heure actuelle de la gageure. Le seul acteur politique aujourd'hui proche des sphères complotistes, Florian Philippot, ne bénéficie que de 12 % d'opinions positives et ne dépasse jamais les 2 % dans les sondages d'intention de vote. Mais cela ne veut pas dire que le complotisme ne jouera aucun rôle lors des présidentielles et dans le mandat qui suivra.

Vers un scrutin jugé illégitime

Dans une démocratie représentative fonctionnelle, il est courant de considérer que les oppositions au sein de la société se règlent dans le scrutin qui, en conférant une légitimité à des élus, permet de donner une direction politique au pays. On le constate dans les différentes cotes de popularité des exécutifs : la confiance des citoyens n'est jamais aussi importante que dans les premiers mois du mandat. C'est immédiatement après le scrutin que les citoyens jugent les élus comme les plus légitimes. Encore faut-il que le scrutin en lui-même soit considéré comme légitime...

L'exemple récent des États-Unis a de quoi susciter de l'inquiétude. Même une fois l'élection présidentielle de 2020 passée et les résultats officiels annoncés, 52 % des électeurs républicains étaient toujours persuadés que le véritable vainqueur de l'élection était Donald Trump. Plus encore, 68 % des électeurs républicains estimaient que le scrutin avait été truqué par le Parti démocrate[8] ! C'est dans ces conditions que les événements dramatiques de l'occupation du Capitole ont pris forme.

Sommes-nous prémunis en France contre un tel phénomène ? Au printemps 2021, la Fondation Jean-Jaurès a lancé une grande enquête pour déterminer si les Français croyaient ou non à la transparence des scrutins et, finalement, à la véracité des résultats qui ressortent du processus électoral. Les chiffres sont alarmants : 31 % des Français ne sont pas d'accord avec le fait que « les élections en France sont organisées de manière suffisamment transparente et sûre pour éviter les tricheries et assurer la réalité des votes ». Autrement dit, un tiers de nos compatriotes doutent de la légitimité de l'élection. De même, comme le révèle une autre enquête, seulement 30 % des Français pensent que le fait que « les riches achètent les élections » est quelque chose qui n'arrive « pas du tout souvent »[9].

Regardons à nouveau les différents discours au moment des manifestations contre le passe sanitaire. La question des futures échéances électorales était loin d'être absente de l'opinion. Par exemple, Marc, 42 ans, qui refuse viscéralement le passe sanitaire qu'il juge liberticide et dont il ne comprend pas l'intérêt si ce n'est d'asservir la population. Mais son opposition à cette mesure prend un aspect plus politique lorsqu'il déclare : « Avec ce que le gouvernement est capable de faire aujourd'hui, j'ai aucun doute sur ce qui va se passer en 2022. Je ne connais pas une personne qui est contente de Macron et quand je vois les sondages il serait pourtant largement en tête… Tout ça, c'est truqué, c'est évident. »

Une large partie des Français ne croit donc pas dans la légitimité du scrutin. Cela n'est bien sûr pas anodin à l'approche d'une élection. Imaginons un scrutin serré, avec un parti d'opposition, contestataire de l'ordre établi, rassemblant beaucoup de défiants en son sein, perdre d'une courte marge face à un parti de gouvernement, faisant la chasse au complotisme. Imaginons finalement Emmanuel Macron l'emporter d'une courte tête face à Marine Le Pen au printemps prochain. Un tel scenario ne relève pas que de la fiction, il est envisagé par les instituts de sondage. Même si la candidature d'Éric Zemmour rebat les cartes de la présidentielle, Marine Le Pen est toujours créditée de plus de 45 % des intentions de vote dans la perspective d'un second tour face au président sortant. Or, dans de telles conditions, nous ne sommes vraiment pas à l'abri de voir un mouvement puissant d'opposition s'élever contre les résultats de l'élection, et dont les conséquences sont imprévisibles. Nous sommes assis sur un matériau inflammable et il ne suffit que d'une étincelle pour mettre le feu. Si ce risque électoral de court terme est bien réel, il est également plus profond sur le long terme.

Une fracture française

S'il existe une forte corrélation entre l'adhésion à une vision complotiste du monde et le vote en faveur de partis contestataires, les personnes qui croient dans les théories complotistes ont aussi tendance à s'abstenir politiquement pour choisir des modes d'action plus directs. Or, le constat est similaire avec les personnes qui ne croient pas à la véracité du scrutin et qui ont davantage tendance à s'abstenir qu'à participer aux élections.

Le risque que le complotisme fait peser sur la vie politique n'est peut-être pas tant au moment même de l'élection, mais en plein cœur du mandat, lorsque les représentants élus se heurtent à l'illégitimité qu'ils ont pour une partie de la population. La révolte n'aurait ainsi pas lieu par les urnes, mais dans la rue : c'est en tout cas à l'heure actuelle un scénario envisageable. C'est d'ailleurs ce qu'exprime avec force Marc, que nous avons rencontré quelques lignes plus haut : « Ce que les Gilets jaunes ont bien montré, c'est que pour tordre le cou à ce pouvoir, il y a que la rue. Le vote, ça ne sert plus à rien, c'est juste une bande de vautours, même ceux qui se disent antisystème. Moi plus jamais je remettrai les pieds dans un bureau de vote. Par contre, ils ne savent pas ce qui les attend dans les prochaines années. Les gens n'en peuvent plus d'eux et quand ils vont arrêter de se laisser faire, ils vont tous faire comme moi, aller les chercher et les dégager de force. »

Le complotisme ne présente aucun projet de création d'un ordre politique nouveau, aucune société idéale comme horizon désirable, il cherche uniquement à détruire l'ordre existant. Dans ces conditions, ce n'est pas tant un « vote complotiste » qui est à redouter, mais plutôt une remise en cause à la fois de la légitimité du processus électoral, mais également des soulèvements violents à intervalles réguliers. La présidentielle de 2022 n'est donc pas le terminus de la vision complotiste du monde, elle n'est que son commencement.

Deuxième partie

Aux origines du complot

Chapitre V

Le syndrome complotiste

Ce n'est pas un hasard si la question du complotisme est au centre de la pandémie de Covid-19. Les théories du complot se développent de manière rapide au sein de sociétés dans lesquelles les besoins individuels et collectifs sont menacés. Elles agissent comme un recours pour des personnes qui ne comprennent plus le monde qui les entoure et qui ont l'impression de ne plus le contrôler. Les théories conspirationnistes présentent l'intérêt majeur de ne laisser aucune question sans réponse et d'expliquer les événements, même ceux devant lesquels la science reste impuissante.

Besoin d'explications pour saisir l'épidémie de coronavirus ? Elle a été créée par les autorités chinoises pour prendre le pas sur ses concurrents internationaux dans la compétition économique mondiale. Besoin de savoir pourquoi le vaccin contre le Covid-19 a été élaboré en quelques mois ? Il était en réalité prévu de longue date par les laboratoires pharmaceutiques et par les élites mondialisées, qui ont d'ailleurs propagé l'épidémie dans le but de vendre des doses. Pourquoi l'époque actuelle est-elle si propice au développement de ces théories et à l'adhésion de la population ? Tout simplement parce que le doute est au cœur de notre époque.

Entre espoir et inquiétude

Les craintes liées aux nouvelles technologies peuvent être à l'origine d'un basculement et virer à la paranoïa au sein des milieux complotistes où elles sont perçues comme de nouveaux moyens mis au point et utilisés par le gouvernement ou les grandes entreprises pour contrôler la population. Cette inquiétude se retrouve dans de nombreux témoignages de personnes inscrites sur les groupes Facebook anti-vaccination contre le Covid-19. Prenons par exemple le cas de Pierre. Il a 35 ans, exerce un métier de chauffeur livreur et vit dans un bourg de l'est de la France. Il se déclare peu intéressé par la politique et ne vote d'ailleurs pas aux différentes élections. Il s'informe néanmoins beaucoup sur l'actualité, en ligne prioritairement, mais aussi *via* les chaînes d'information en continu. Lorsqu'on lui demande pourquoi il refuse *a priori* de se faire vacciner, sa réponse est sans ambiguïté : « Leur vaccin qui arrive au même moment que la 5G... Les coïncidences, ça n'existe pas... De toute façon, tout ce qu'ils inventent, c'est juste pour essayer de nous contrôler... On est juste des cobayes. »

Autre exemple : celui d'Alexia, mère célibataire de 28 ans, employée d'une grande chaîne d'hypermarchés. Elle explique son scepticisme par rapport à la technologie de la manière suivante : « Je n'ai pas confiance dans toutes leurs nouvelles technologies. Ils cherchent juste à faire de l'argent et ils sont capables de nous refiler n'importe quoi. Il faut se méfier de tous ces nouveaux trucs qui sont "pour notre bien". »

Nouvelles technologies, vaccination et conspirationnisme ne font plus qu'un au regard de la simultanéité du lancement de la 5G en France : la vaccination serait le moyen d'introduire des microparticules de 5G au sein de l'organisme ! Celles-ci pourraient être activées à distance et permettraient de contrôler le patient qui s'est fait inoculer le vaccin.

À l'automne 2021, la question technologique était loin d'être marginale au sein du mouvement de contestation contre le passe sanitaire. On pouvait par exemple lire sur de nombreuses pancartes lors des manifestations des slogans du type « nous ne sommes pas des QR Codes ». Si ce type de revendications peut traduire des inquiétudes – légitimes – quant au respect des libertés publiques, un glissement s'opère vers la peur d'une société de contrôle et de traçage de l'activité des Français grâce au passe sanitaire.

À l'heure actuelle, au sein de l'opinion publique, les Français considèrent toujours que les progrès technologiques sont synonymes de progrès pour l'humanité, mais ce chiffre est en baisse depuis une dizaine d'années, si bien que quatre Français sur dix considèrent désormais que le progrès technologique est plutôt quelque chose de nocif. La technologie est en passe d'inquiéter autant qu'elle attire. En 2020, 56 % des Français se montraient inquiets par rapport à celle-ci[1], soit une augmentation de 18 points en l'espace de dix-huit ans.

La technologie nous dominerait désormais plus que nous ne la dominons. Toutefois, les critiques des innovations technologiques ne sont pas forcément complotistes : c'est le climat d'incertitude qui en résulte qui constitue un soubassement aux croyances complotistes.

Une incertitude sanitaire et écologique

Charles a 62 ans. S'il soutient autant le protocole du professeur Raoult, c'est parce qu'il n'a « jamais eu aussi peur de sa vie ». Évoquer une situation d'incertitude sanitaire aujourd'hui peut résonner comme un euphémisme, tant la crise sanitaire liée au Covid-19 a provoqué une sidération collective face à notre manque de contrôle. En effet, lorsque l'on demande aux Français le qualificatif représentant le mieux leur état d'esprit, le taux de personnes interrogées répondant « la peur » est passé de 10 % en février 2020 à 27 % en avril de la même année[2]. Si ce chiffre a baissé depuis jusqu'à atteindre 14 % en février 2021, il n'en demeure pas moins que la crainte des conséquences sanitaires de l'épidémie perdure. Un an après le début du premier confinement, en mars 2021, six Français sur dix se disaient encore inquiets face à cette épidémie[3]. Or l'incertitude et l'insécurité suscitées par la pandémie ont constitué un mouvement de fond largement propice aux théories conspirationnistes. De l'hydroxychloroquine interdite pour promouvoir des vaccins onéreux, au fait que l'épidémie aurait été créée par les élites mondialisées afin de supprimer la moitié de la population mondiale : celles-ci se sont multipliées lors de l'épidémie.

La peur sanitaire est d'autant plus préoccupante qu'elle se greffe à une inquiétude environnementale croissante. L'augmentation des préoccupations écologiques et des craintes qui y sont associées au sein des sociétés occidentales se perçoit de plusieurs façons. La préservation de l'environnement arrive désormais dans les premières positions des enjeux politiques prioritaires, alors qu'elle était reléguée dans les profondeurs du classement dans les précédentes décennies[4]. D'ailleurs, le succès récent des partis écologiques, aux élections européennes notamment, est dû à cet intérêt pour la cause écologique. De Katrina à Fukushima, de la fonte des glaces aux épidémies, la multiplication des catastrophes naturelles – liées ou non à l'activité humaine – a contribué à mettre ces enjeux environnementaux sur le devant de la scène. 58 % des Français pensent à ce propos que l'épidémie de coronavirus serait due à une exploitation imprudente de la nature[5]. Cet intérêt pour la question environnementale n'est pas déconnecté d'inquiétudes concrètes d'une part de plus en plus importante de la population : 98 % des Français se sentent concernés par au moins quelques aspects du réchauffement climatique…

Une incertitude sociale et économique

Nous évoquions dans le premier chapitre de ce livre le cas de Marion, serveuse au chômage qui liait la question du passe sanitaire aux « galères » financières qu'elle avait pu connaître par le passé. Pour elle, ces deux phénomènes ne sont que les deux faces d'une même pièce : le fait que les élites tirent les ficelles dans l'ombre et qu'elles mènent des politiques qui vont à l'encontre des intérêts des citoyens. L'incertitude sociale et économique peut être à l'origine d'un sentiment de pessimisme social, qui se lie à des attitudes complotistes, à savoir rechercher les responsables d'une situation intolérable.

Le pessimisme social est une attitude sociopolitique latente située à l'entrecroisement du déclinisme (la croyance dans le fait que l'avenir de la société sera forcément moins bon qu'aujourd'hui) et de la nostalgie (la société allait mieux hier qu'aujourd'hui). La situation actuelle serait ainsi perçue comme moins bonne que les temps glorieux d'un passé révolu, et il n'y aurait, en parallèle, aucune capacité de redressement général, donc peu d'espoir de voir la situation évoluer favorablement. En septembre 2021, environ 75 % des Français pensaient que la France était en déclin. Sept Français sur dix (69 %) s'accordent pour dire « qu'en France, c'était mieux avant ». La même proportion déclare s'inspirer des valeurs du passé dans sa vie. Enfin, seule une minorité (43 %) pense que l'avenir de la France est plein d'opportunités et de nouvelles possibilités[6]. Les attitudes pessimistes sont donc dominantes et forment un soubassement à une vision conspirationniste du monde. Si déclin il y a, il peut devenir nécessaire d'en trouver les responsables et de les punir.

Une incertitude culturelle

À l'incertitude sur les plans sanitaire, écologique et économique se superpose une interrogation sur le plan culturel et identitaire. L'épouvantail du grand remplacement agite-t-il par exemple vraiment les Français ? Un quart d'entre eux adhèrent à la théorie complotiste selon laquelle l'immigration est organisée délibérément par nos élites politiques, intellectuelles et médiatiques pour aboutir à terme au remplacement de la population européenne par une population immigrée[7]. Les débats sur la laïcité, l'identité nationale ou encore sur la culture française et européenne animent le pays avec passion et montrent l'inquiétude d'une part substantielle de nos concitoyens face aux mutations d'une société de plus en plus ouverte et multiculturelle.

61 % des Français déclarent ainsi qu'« aujourd'hui on ne se sent plus chez soi comme avant[8] ». Une proportion légèrement supérieure (66 %) déclare même qu'« il y a trop d'étrangers en France », quand 57 % de nos compatriotes sont d'accord pour dire que, « de manière générale, les immigrés ne font pas d'efforts pour s'intégrer en France ».

Ajoutons par ailleurs que ce malaise identitaire et culturel est plus marqué au sein des catégories populaires que chez les classes intermédiaires ou supérieures.

Cette insécurité culturelle se manifeste notamment à travers un rapport très dur à la religion musulmane : un Français sur deux est d'accord pour dire que « même s'il ne s'agit pas de son message principal, l'islam porte malgré tout en lui les germes de la violence et de l'intolérance », quand seuls quatre Français sur dix considèrent la religion musulmane comme compatible avec les valeurs de la société française. Le lien entre ce soubassement d'inquiétudes culturelles et le quart des Français croyant à la théorie du grand remplacement se fait de manière évidente : la peur suscitée par ces changements culturels conduit à chercher des boucs émissaires. Ceux-ci ne seraient pas le fruit de migrations, mais proviendraient de l'action d'élites malintentionnées.

Chapitre VI

Quand le complot est réel

Le 17 juin 1972 reste célèbre dans l'histoire politique américaine. Dans la nuit, cinq hommes pénètrent dans l'immeuble du *Watergate*, qui abrite le siège du Parti démocrate à Washington D.C. Repérés par un agent de sécurité, les cinq « cambrioleurs » sont arrêtés par la police. Ce qui passe au départ pour une simple affaire de cambriolage se révèle être un des plus grands scandales politiques du XXe siècle. Grâce à la ténacité de deux journalistes du *Washington Post*, Bob Woodward et Carl Bernstein, la vérité éclate au grand jour deux ans plus tard. Le cambriolage n'en était pas un, il s'agit d'une tentative d'espionnage du Parti démocrate, directement orchestrée par le président républicain en exercice, Richard

Nixon. Devant l'ampleur du scandale, et face à l'engagement d'une procédure de destitution, le président est finalement contraint à démissionner en août 1974.

Plus de trente ans se sont écoulés depuis le cambriolage du *Watergate* lorsque feu Colin Powell, alors secrétaire d'État des États-Unis, prend la parole au siège des Nations unies le 5 février 2003. Il saisit une petite fiole transparente à l'intérieur de laquelle se trouverait de l'anthrax, une puissante arme bactériologique. Pour Powell comme pour l'administration Bush de l'époque, le doute n'est pas permis, l'Irak de Saddam Hussein posséderait bel et bien des armes de destruction massive. Ils le confirment par des photos satellites montrant de prétendues usines d'armes chimiques. Dès lors, une seule solution face à cette menace : envahir l'Irak, ce qui sera fait dès le mois suivant. Alors que la guerre s'éternise et qu'aucune arme de destruction massive n'est trouvée, en 2005, l'administration Bush reconnaît que ces armes n'existent pas.

Une des raisons des plus évidentes pour expliquer les croyances complotistes est aussi la plus simple : des complots bien réels ont toujours existé et l'histoire regorge d'événements de la sorte, de l'assassinat d'Abraham Lincoln en 1865 à l'attentat de Sarajevo qui déclencha la Première Guerre mondiale en passant par l'assassinat du président égyptien Anouar el-Sadate en 1981.

Au sens le plus strict du terme, le complot ou la conjuration implique une action secrète et concertée de quelques individus afin de promouvoir une visée politique, généralement la déstabilisation d'un régime ou d'une institution. Cela distingue le complot de la simple affaire criminelle, où l'action de quelques individus n'est plus politique, il ne s'agit pas de prendre le pouvoir de manière détournée ou de renverser un gouvernement, mais de s'enrichir ou de nuire à un concurrent par exemple. Pour autant, les affaires, les scandales, lorsqu'ils touchent des secteurs particuliers, vont d'une certaine manière jouer le même rôle que le complot aux yeux du public. Si des représentants politiques sont mouillés dans des affaires financières, c'est qu'ils sont également capables d'être à l'origine d'actions de plus grande ampleur : des complots bien réels. Chez des personnes fortement choquées par ces mensonges et ces dissimulations peut se produire une sorte de rejet global des institutions qui ont fauté. Les affaires s'amalgament aux complots et l'ensemble devient le ressort évident de la mentalité conspirationniste selon laquelle tous les événements résultent de l'action de ceux à qui ils profitent.

En France, deux types d'affaires constituent ainsi des ressorts puissants aux théories conspirationnistes les plus en vogue à l'heure actuelle. D'une part, celles incriminant des grandes entreprises, et en particulier des laboratoires pharmaceutiques. D'autre part, celles mettant directement en lumière la corruption ou les délits financiers de la classe politique.

Les scandales sanitaires et le complotisme médical

Myriam a 29 ans et, lorsque les premières annonces concernant l'imminence de nouveaux vaccins sont faites à l'automne 2020, elle refuse catégoriquement de se faire vacciner. Voici comment elle explique son comportement : « Ça fait des années et des années que l'on a affaire à des problèmes sanitaires, le Médiator, l'histoire des prothèses mammaires défectueuses aussi. Les laboratoires, ils cherchent juste une chose, c'est à s'enrichir, peu importent les conséquences que ça peut avoir sur notre santé et sur notre vie de tous les jours. Là, avec le vaccin, les autorisations ont été données dans un temps record. Pourquoi ? Parce que ça rapporte plus d'argent. Ils s'en foutent pas mal des conséquences que ça pourra avoir sur le long terme, tant que ça remplit leurs poches maintenant. Alors c'est pas compliqué, tant qu'on n'aura pas de recul sur ces vaccins miracles, pour moi, c'est hors de question. »

La France n'est pas épargnée par les affaires politico-financières, sans qu'elles prennent pour autant la forme de « complots » au sens où nous avons défini le terme. Si cela peut avoir un fort impact sur la confiance manifestée dans les représentants politiques et dans les institutions qu'ils défendent – nous aurons l'occasion d'y revenir –, c'est plutôt sur le versant sanitaire qu'il est nécessaire de s'arrêter quelques instants. Les scandales impliquant des laboratoires pharmaceutiques se sont multipliés ces dernières années. En juillet 2020, le laboratoire Sanofi est mis en examen pour « homicides involontaires » dans le scandale de la Dépakine®. Ce médicament utilisé pour traiter l'épilepsie a été prescrit pendant plus de cinquante ans à des femmes enceintes, bien que les risques pour la santé du fœtus soient connus[1]. En mars 2021, le laboratoire Servier est pour sa part jugé coupable de « tromperie aggravée », condamné à verser une amende de 2,7 millions d'euros et à indemniser l'ensemble des victimes de son médicament : le Médiator®. Ce médicament antidiabétique, par ailleurs largement prescrit comme coupe-faim dans des régimes, a été à l'origine de graves effets secondaires et aurait entraîné la mort de 1 500 à 2 000 personnes. Le laboratoire, dans un souci de rentabilité financière, a toujours fermé les yeux sur le problème. Il fait appel de sa condamnation en avril 2021.

Sans qu'elles puissent s'apparenter à des « complots » au sens premier du terme, de telles pratiques suscitent néanmoins une méfiance particulièrement marquée au sein de la société. 62 % des Français déclarent ainsi ne pas avoir confiance dans les entreprises du médicament[2]. Ces scandales, en jetant le discrédit sur l'ensemble d'un secteur industriel, ont une influence décisive sur la base de soutiens aux théories conspirationnistes. Pour reprendre l'exemple de Myriam, il est en effet frappant de constater que pendant de longs mois, les femmes ont été plus réticentes à la vaccination que les hommes[3]. Une des clés d'explication de ce scepticisme accru est que les femmes ont davantage été touchées par les scandales sanitaires ces dernières années, comme le démontrent les journalistes Delphine Bauer et Ariane Puccini dans une enquête documentée[4]. Dans ces conditions, il n'est donc pas surprenant que les femmes aient réagi à l'arrivée des nouveaux vaccins avec plus de méfiance.

Il faut se souvenir de l'ensemble de ces affaires pour comprendre comment 43 % des Français déclarent que le gouvernement est de mèche avec l'industrie pharmaceutique pour cacher la réalité sur la nocivité des vaccins. Les théories du complot voient leur succès renforcé dès qu'il existe des éléments objectifs pour les appuyer. Les pages Facebook antivaccin sont ainsi remplies de liens vers des articles de journaux rappelant ces scandales sanitaires.

Les scandales politiques et le sentiment de ne pouvoir se fier à personne

Si les scandales sanitaires constituent des arguments de poids pour nourrir les théories conspirationnistes qui se développent sur ces thématiques, la situation est similaire pour les scandales politico-financiers. Marc a 45 ans et soutient les manifestations contre le passe sanitaire. Son argumentaire est très détaillé, mais à l'intérieur de celui-ci, un point attire l'attention : « Quand on voit ce que sont prêts à faire nos politiques pour gagner du fric, on se dit clairement que c'est pas l'intérêt public qui rentre en jeu, le passe sanitaire c'est juste un moyen de faire de nous des moutons bien dociles. Par exemple Sarkozy, il est dans tellement de procès, qu'on n'arrive même plus à s'y retrouver... »

Même si l'exemple du *Watergate* et de la guerre en Irak est spectaculaire, nul besoin de se rendre outre-Atlantique pour se retrouver en présence de scandales d'État de cette envergure ; du sabordage du *Rainbow Warrior* en 1985 aux financements de partis politiques par des mécanismes frauduleux de rétrofinancement, en passant par les multiples affaires touchant la classe politique (Sarkozy, Fillon, Balkany, Rugy, Cahuzac...), nous pouvons avoir en France l'impression d'une classe politique déconnectée de la réalité des citoyens ordinaires et prête à tout pour que cet état de fait perdure. Lorsque le personnel politique n'est pas irréprochable, cela a des conséquences négatives indéniables sur la confiance des citoyens dans leurs institutions. Autrement dit, la classe politique joue un rôle majeur dans le désenchantement institutionnel actuel. La question n'est pas tant de savoir si ces scandales sont réellement plus nombreux qu'auparavant, mais de comprendre que leur acceptabilité sociale est devenue plus faible.

Cela s'est constaté de manière concrète au Royaume-Uni au moment de la crise sanitaire. Lors de la première vague de l'épidémie, Dominic Cummings, conseiller principal de Boris Johnson, se permet le luxe de traverser sans aucune autorisation en plein confinement la moitié du Royaume-Uni avec sa femme potentiellement atteinte du Covid-19. Or lorsque l'on s'intéresse aux courbes de confiance dans la capacité du gouvernement à gérer l'épidémie, on constate une nette chute de cette confiance après l'affaire Cummings, ce que des chercheurs ont d'ailleurs nommé un « effet Cummings[5] ». Après ces révélations, la confiance des citoyens britanniques dans la capacité du gouvernement à gérer l'épidémie s'est érodée. L'absence d'exemplarité des représentants politiques n'a donc pas seulement un impact sur leur carrière personnelle mais elle vient aussi remettre en question la confiance des citoyens dans leurs institutions. Et lorsque celle-ci est perdue, le terrain devient fertile aux théories complotistes.

Les dysfonctionnements structurels de l'État

Les théories complotistes s'adossent aussi à des erreurs structurelles de l'appareil d'État. Elles se greffent bien souvent à des contestations – légitimes – contre des dysfonctionnements de l'État en leur donnant un caractère intentionnel et fondamentalement mauvais. La polémique qui a eu lieu durant les premiers mois de la pandémie de Covid-19 à propos des masques de protection en est un parfait exemple. Si la stratégie gouvernementale d'en réserver l'accès aux soignants dans un contexte de pénurie se comprend, beaucoup ont jugé le revirement de l'été 2020, rendant le port obligatoire à mesure que les stocks disponibles augmentaient, comme le signe d'une duplicité au plus haut niveau de l'État. Fannie a 43 ans et est très active sur les groupes Facebook anti-masques à cette époque. Pour elle, la communication du gouvernement « qui dit blanc un jour et noir le lendemain » est bien le signe « qu'il y a un loup quelque part ». Et de conclure : « Le masque ne nous protège pas, si ça avait été le cas, pourquoi ils l'auraient interdit en mars ? Ça va juste nous faire baisser nos défenses immunitaires, tous les scientifiques le disent. »

Nous constatons le même phénomène hors pandémie. Prenons un exemple classique en sociologie : celui de la haute administration. Il est maintenant admis que les hauts fonctionnaires possèdent un pouvoir important au sein des administrations qui excède le cadre normal de la simple exécution des directives politiques. Plusieurs facteurs expliquent cette situation. Tout d'abord, les hauts fonctionnaires ne dépendent pas des échéances électorales, ils ne sont pas de passage, contrairement aux élus qui doivent sans cesse anticiper les conséquences de leurs actes. Ensuite, les hauts fonctionnaires possèdent une expérience plus importante des dossiers que les politiques ballottés d'un ministère à l'autre au gré des remaniements, ce qui leur donne inévitablement un rôle et une compétence importants. Enfin, les hauts fonctionnaires forment un réseau d'influence particulièrement développé au sein des différents ministères, lié à leur passage dans les mêmes grandes écoles et notamment par l'ENA.

Rappelons-nous la théorie complotiste QAnon « à la mode » outre-Atlantique lors du mandat de Donald Trump. Selon celle-ci, le président Trump se battait secrètement contre des élites implantées au sein du gouvernement, une sorte d'« État profond » qui tirerait les ficelles dans l'ombre. Pour ajouter un peu de sel à l'histoire, ces élites commettraient des crimes pédophiles et sataniques. Évidemment, cette théorie confère une intentionnalité à cette situation, des personnes non élues chercheraient par tous les moyens à évincer les représentants légitimement élus. De plus, la théorie complotiste explique toujours les événements par des liens personnels, des individus qui conspireraient à l'abri des regards, et non par des structures de pouvoir. Enfin, la théorie QAnon, à la manière des différentes théories complotistes, consolide son argumentaire par un récit censé renforcer le côté choquant de l'histoire : pédophilie, satanisme, etc.

Les théories complotistes peuvent donc se fonder sur des éléments réels. Lorsque les institutions se grippent, ces dysfonctionnements structurels sont réutilisés par la théorie complotiste pour créer une rhétorique où ce n'est plus la structure qui pose des problèmes, mais ses acteurs individuels. Pour un complotiste, il faut donc privilégier le combat contre les individus qui posent problème à une réforme des structures. Et ce combat, on l'a vu aux États-Unis, peut largement prendre une forme violente.

Chapitre VII

La spirale médiatique

Haro sur les réseaux sociaux ! Ainsi pourrait être résumée la réaction de la plupart des rédactions, des responsables politiques et des commentateurs de l'actualité à chaque épisode conspirationniste. « Les réseaux sociaux sont-ils responsables du complotisme ? » se demande par exemple *Le Point*[1] en février 2019 alors que le mouvement des Gilets jaunes perdure. Et France Info de confirmer : « Les jeunes sont plus perméables aux théories du complot tout simplement parce qu'ils s'informent davantage sur les réseaux sociaux[2]. »

Selon cette vision manichéenne du paysage informationnel, il serait nécessaire de distinguer les « bons » médias d'un côté – presse écrite, radio, voire télévision – des contenus en ligne.

Alors que les premiers seraient automatiquement un gage de sérieux, d'informations factuelles et indiscutables, les seconds seraient au contraire la porte d'entrée principale, si ce n'est unique, de l'hydre conspirationniste.

Cette intuition se révèle-t-elle juste ? S'informer prioritairement sur Internet et les réseaux sociaux est-il associé à une plus forte croyance dans les théories complotistes ? Pour répondre à cette question, nous nous sommes intéressé à la dizaine de théories du complot les plus répandues au sein de la population française présentées au début de cet ouvrage (voir Figure 1) au regard du mode d'information des personnes interviewées. Or, nos calculs sont sans appel : à âge, niveau d'éducation, sexe et positionnement politique similaires, les individus qui s'informent sur les réseaux sociaux adhèrent davantage aux théories conspirationnistes que les individus privilégiant un autre canal. Les réseaux sociaux sont donc le premier média de diffusion et d'adhésion aux théories complotistes.

La forte viralité des réseaux sociaux

La caractéristique principale des réseaux sociaux est leur grande viralité, c'est-à-dire leur capacité à délivrer de manière extrêmement rapide un message dans une multitude de directions. Or la vitesse de propagation des *fake news* et des théories conspirationnistes est sans commune mesure avec celle des informations vraies. Des chercheurs du MIT ont étudié entre 2006 et 2017 la transmission de 126 000 nouvelles sur Twitter et les ont classées en fonction de leur véracité. Leur conclusion est édifiante : les fausses informations mettent six fois moins de temps à circuler que les vraies informations. Les chercheurs montrent ainsi qu'une des principales raisons à cette viralité provient du fait que les théories conspirationnistes attirent davantage l'attention. Avec un message qui diffère des vérités établies, critiquant les thèses officielles ou encore pointant des responsables de phénomènes incompris, elles suscitent de l'interrogation, du doute et stimulent par conséquent la volonté de partager et d'échanger cette « vérité alternative » avec des membres de son réseau.

Dans cette perspective, il convient toutefois de ne pas céder à un abus de langage : sommes-nous face à des théories du complot savamment construites ou bien avons-nous davantage à faire à des rumeurs, à des doutes plus ou moins légitimes ? Dans le processus de diffusion de la *fake news* conspirationniste sur les réseaux sociaux, la théorisation est un élément secondaire. En revanche, l'aspect central est d'expliquer que la vérité officielle n'est *peut-être* pas vraie et que l'on nous cache *potentiellement* quelque chose. C'est le seul critère qui permet d'objectiver la vitesse incroyable de diffusion et de circulation de ces informations.

Le documentaire *Hold-Up*, mis en ligne à l'automne 2020 et réalisé par Pierre Barnérias, est caractéristique de ce processus. Il s'agit d'un enchevêtrement d'assertions injustifiées sans aucune ligne directrice. Le documentaire parvient même à réaliser un tour de force et expliquer, à trente minutes d'intervalle, premièrement que l'épidémie de Covid-19 n'est pas réelle et que les autorités cherchent seulement à faire peur à la population alors qu'il n'y a pas plus de morts qu'avec une grippe habituelle ; et deuxièmement que l'épidémie a été créée de toutes pièces par des élites mondialisées pour anéantir la moitié de la population mondiale. Pouvoir soutenir qu'une épidémie qui ne fait apparemment pas de morts est à l'origine de la disparition de la moitié de la population de la planète ne semble pas effrayer le réalisateur. Mais au sein d'une société qui doute, l'impression donnée par la multiplication des rumeurs est que l'une d'entres elle doit bien être vraie, du moins en partie.

Il convient de différencier les deux types de publics qui sont à la fois acteurs et récepteurs de la viralité des contenus complotistes en ligne. On retrouve d'un côté des « militants complotistes » croyant dur comme fer aux différentes théories conspirationnistes qu'ils relaient abondamment. Ils se caractérisent par leur présence sur une multitude de groupes Facebook ou par des comptes Twitter dédiés au partage de contenus pour le moins douteux. Ces individus sont à l'amorçage des vagues médiatiques complotistes ; leur activité est primordiale dans les premiers jours de diffusion. On retrouve aussi des internautes au profil différent, qui certes diffusent le contenu, mais davantage par interrogation que par réelle adhésion. Durant l'épidémie de Covid-19, le nombre de tweets relayant un contenu complotiste du type « Je ne sais pas trop quoi en penser, mais vous devriez voir ça… » a explosé. Lorsque l'on étudie les différents tweets réalisés autour du documentaire *Hold-Up*, les exemples de cette nature sont légion : « *Hold-Up*, un documentaire qui dérange ? Partagez-le pour vous faire votre avis », ou bien : « Vous avez vu *Hold-Up* ? Un documentaire qui fait réfléchir quand même… », ou encore : « Tout le monde devrait voir ce documentaire pour se faire son propre avis sur la question et ne pas être dépendant du discours médiatique. »

Gardons bien à l'esprit que relayer une rumeur complotiste ne veut pas forcément dire adhérer à cette dernière. Pour passer du relais à l'adhésion, il est nécessaire que la rumeur acquière une légitimité. La question décisive qui se pose alors est de savoir si les réseaux sociaux ont suffisamment de légitimité pour convaincre de la véracité d'une théorie complotiste des personnes qui, de prime abord, ne sont pas conspirationnistes.

Les réseaux sociaux renforcent les prédispositions complotistes plus qu'ils ne les créent

Dire que les réseaux sociaux sont en mesure de convaincre de nouvelles personnes de la véracité de ces thèses est souvent erroné. Pour la plupart des relais, il s'agit surtout de « doute sans adhésion », d'interrogations plus que de croyances. En effet, s'il existe un lien entre utilisation des réseaux sociaux et adhésion à différentes théories complotistes, la relation la plus abusivement commentée est que les réseaux sociaux créeraient des complotistes ou que les individus qui utilisent les réseaux sociaux pour s'informer auraient davantage tendance à verser dans le conspirationnisme. À vrai dire, les différentes recherches menées remettent en question ce lien de cause à effet. Car si les réseaux sociaux diffusent des théories conspirationnistes et entraînent en conséquence une plus forte croyance dans leur contenu, le phénomène réciproque peut également se produire : ces espaces ont les capacités de rassembler des individus avec une forte appétence pour les théories conspirationnistes. La particularité des groupes Facebook par exemple est de fonctionner comme des « bulles de filtres », des espaces clos dans lesquels les arguments adverses ne sont plus présents. Alors que le but premier des réseaux est de mettre en relation des individus les uns avec les autres, ils créent au contraire des espaces fermés, regroupant des personnes partageant la même sensibilité. Dans cette perspective, les réseaux sociaux n'ont donc pas forcément un pouvoir de conviction, mais ils renforceraient plutôt les attitudes complotistes chez des individus prédisposés à verser dans le conspirationnisme[3].

Les réseaux sociaux créent donc peu de nouveaux adeptes. Toutefois, cela ne signifie pas qu'ils n'ont aucun effet. En réunissant au sein d'un même espace, d'une boucle WhatsApp ou d'un groupe Facebook par exemple, des individus aussi défiants par rapport aux informations et aux thèses officielles, les réseaux sociaux regroupent des citoyens qui partagent les mêmes opinions et qui ont désormais la capacité d'échanger des arguments – le plus souvent fallacieux – pour soutenir leurs thèses. Ce qui n'était donc au départ qu'une vague croyance devient, après être passé au tamis de ces espaces, une vérité ancrée.

Nous avons fait ce constat lors de l'épidémie au sein des différents groupes Facebook s'opposant aux mesures sanitaires. L'activité des groupes anti-vaccination s'est renforcée à mesure que la thématique de la vaccination est devenue un des premiers sujets d'actualité. On y retrouve ainsi des rapports officiels falsifiés expliquant que le vaccin n'a pas été testé en laboratoire. On y voit aussi des statistiques montrant que le nombre de décès liés à la vaccination est sous-estimé par les gouvernements, souvent sciemment. On y relaie le discours d'experts expliquant que le vaccin favorise l'infertilité. On y voit encore des vidéos montrant que les seringues utilisées pour vacciner les puissants de cette planète devant les caméras sont en réalité des aiguilles rétractables destinées à ne pas injecter le liquide. Tous ces éléments sont bien sûr absolument faux, mais ils véhiculent un ensemble d'arguments visant à construire une cohérence argumentative, une vision du monde anti-vaccination.

Deux conséquences en découlent. Premièrement, plus une personne dispose d'arguments soutenant une thèse complotiste, moins ceux de la partie adverse auront de prise. Deuxièmement, ces individus possèdent désormais un ensemble d'arguments à même de convaincre leur entourage familial, amical, voire professionnel. Or, ce travail de mobilisation ne se passe pas forcément en ligne. Ainsi, si l'impact direct des réseaux sociaux est de renforcer les prédispositions d'individus déjà complotistes, leur impact indirect est de fournir un arsenal argumentatif pour convaincre dans le monde réel les sceptiques.

Cependant, l'élucidation du passage de la simple rumeur à la théorie reste à ce stade incomplet pour une grande partie des internautes sur les réseaux sociaux. Dans la mesure où les personnes aux prédispositions complotistes sont d'abord touchées par ces contenus, il manque un point central à l'équation : comment un public plus large est-il atteint, au point d'y adhérer à son tour ?

Le rôle des médias classiques

Le rôle de la télévision dans la diffusion de certaines idées conspirationnistes ne doit pas être écarté. La télévision demeure à l'heure actuelle le moyen privilégié pour s'informer sur l'actualité pour 46 % des Français, contre seulement 34 % qui utilisent d'abord Internet et les réseaux sociaux[4]. Mais surtout, la télévision conserve à l'heure actuelle une posture d'autorité. Elle joue donc un rôle de légitimation des rumeurs complotistes. Si l'on se tourne vers les États-Unis, où la polarisation idéologique des chaînes est forte, Fox News, chaîne ultra-conservatrice connue pour sa proximité avec le pouvoir de Donald Trump, n'hésite pas à diffuser des thèses conspirationnistes, notamment en matière climatique. Lors de l'élection présidentielle de l'automne 2020, plusieurs présentateurs de la chaîne ont même soutenu les soubassements idéologiques de la théorie QAnon. De la même manière, Trish Regan, présentatrice vedette, a expliqué que les démocrates cherchaient à créer de l'hystérie avec le coronavirus afin de déclencher une panique boursière, une récession majeure et destituer Donald Trump de son poste. Pendant la pandémie, les thèses anti-vaccination aux relents complotistes se sont ainsi disséminées dans les médias conservateurs, et en particulier sur Fox News[5].

En France, il semblerait que certains contenus télévisuels soient eux aussi à même de renforcer la logique conspirationniste. Exemple assez classique, la thèse selon laquelle les attentats du 11 septembre 2001 ont été organisés de l'intérieur par le « complexe militaro-industriel » est devenue populaire en France après le passage de Thierry Meyssan, essayiste partisan de cette idée, dans l'émission *Tout le monde en parle* de Thierry Ardisson en mars 2002[6]. Plus récemment, les nouveaux positionnements éditoriaux de chaînes telles que CNews ou C8 peuvent se révéler problématiques avec des présentateurs et des chroniqueurs qui donnent la parole à des invités sensibles aux thèses complotistes. C'est le cas de l'avocat Fabrice Di Vizio, déjà mentionné, invité régulier dans l'émission *Touche pas à mon poste*.

À cet égard, la période des élections américaines a constitué un cas d'école, entre Éric Zemmour déclarant que le vote par correspondance permettait « toutes les magouilles » et Ivan Rioufol affirmant sans aucune preuve qu'« il y avait plus de votes que d'électeurs inscrits »[7]. On peut également citer le cas de Pascal Praud et son émission *L'Heure des pros*, le journaliste déclarant que la fraude est « quelque chose de très fréquent aux États-Unis dans les élections », aussitôt confirmé par un invité régulier : « Oui, l'élection de Kennedy a été truquée par la grande truanderie américaine »[8].

Le problème majeur de ce type de discours, lorsqu'ils ont lieu sur des chaînes de télévision, est que cela contribue à les légitimer. La télévision n'agit pas seulement comme un relais d'informations, mais elle constitue une instance de légitimation de ces contenus. Prenons le cas du documentaire *Hold-Up* dont le producteur, Christophe Cossé, a été invité le 11 novembre 2020 à discuter de son film dans l'émission de Pascal Praud. Le présentateur vedette de CNews l'a introduit dans ces termes : « Christophe Cossé, vous êtes producteur de documentaires et de films, avec une formation en anthropologie, mais vous avez fait beaucoup de *prime time* je crois pour France 2 notamment… Vous avez inventé la carte au trésor… Je dis ça pour vous présenter parce que vous êtes un producteur, entre guillemets crédible ! » Même si la tonalité de l'interview a été à certains moments critique, il n'en demeure pas moins que ce type d'interviews, dans un média généraliste, n'est pas sans conséquences. Le pic de viralité du documentaire sur les réseaux sociaux a en effet eu lieu le 12 et le 13 novembre, soit dans les deux jours qui ont suivi l'interview. Ce n'est donc pas tant la viralité en ligne du documentaire qui a poussé certains médias classiques à en parler, mais c'est plutôt le fait que des médias classiques s'en sont saisis qui a renforcé sa viralité en ligne.

La défiance des Français envers leur système médiatique est telle que quatre Français sur cinq aimeraient que les médias donnent leurs sources pour vérifier eux-mêmes les informations[9].

Dans une logique de maximisation de l'audience, les médias considérés comme les plus sérieux se sont aussi spécialisés dans la multiplication d'informations contradictoires et souvent anxiogènes. Cela s'est remarqué au début de la pandémie de Covid-19, où la demande d'informations de la part du public a poussé les rédactions à multiplier la production d'un contenu alarmiste et parfois en contradiction avec un article publié dans les jours précédents… Prenons l'exemple des variants du virus. « Covid-19 : faut-il avoir peur du variant indien qui part en flèche au Royaume-Uni, pays le plus vacciné d'Europe[10] ? » se demande *Le Midi libre* le 26 mai 2021. Deux semaines auparavant, on pouvait lire sur le site de *L'Express* : « Covid-19 : "Il n'y a aucune preuve que le variant indien soit plus dangereux que le britannique"[11] ». *Idem* avec l'efficacité des vaccins pour lutter contre les variants : « Covid-19 : le vaccin de Pfizer moins efficace contre le variant sud-africain selon une étude[12] », affirme un journal, auquel un autre répond exactement l'inverse : « Covid-19 : le vaccin de Pfizer-Biontech protège contre le variant sud-africain[13] ».

Qu'est-ce que ce brouhaha médiatique signifie ? Entendons-nous d'abord sur le fait que, dans la mesure où la recherche évolue, il est normal que l'état de la connaissance scientifique évolue aussi. Entendons-nous également sur le fait que les titres de journaux sont souvent réducteurs, écrits au conditionnel, reprennent une citation d'un tiers, et qu'ils sont faits pour attirer l'œil. Bref, ils cachent en réalité un article souvent plus nuancé. Néanmoins, lorsque l'on se met quelques instants à la place du lecteur qui voit défiler des titres contradictoires, on se rend compte que le problème est bien plus large qu'il n'y paraît. Cela laisse finalement nombre de nos concitoyens face à l'impression globale que les médias publient des informations différentes d'un moment à l'autre et qu'on ne peut pas s'y fier. 73 % des Français ont ainsi l'impression d'être submergés par l'information, qu'il y a trop d'informations[14]. Or la critique d'un système médiatique incompréhensible est un élément central au sein de la sphère conspirationniste.

Prenons l'exemple des personnes présentes sur les groupes Facebook anti-vaccination contre le Covid-19, comme Clarisse, 42 ans. Elle possède une licence (Bac + 3), occupe un poste de cadre et s'informe *via* une multitude de médias différents, en ligne et hors ligne. D'ailleurs, elle ne se déclare pas opposée par principe à la vaccination, mais dans le cas du Covid-19, la donne est pour elle différente : « On entend tout et son contraire. On nous dit que le Covid-19 est dangereux, puis qu'il n'est pas dangereux, on nous dit qu'il y a un traitement et que le traitement n'est pas efficace. C'est louche, cette histoire et ça cache forcément quelque chose. »

Les commentaires de ce type témoignent du bruit médiatique dans lequel les repères manquent pour une bonne partie de la population. Poussé à l'extrême, ce sentiment de ne pas s'y retrouver peut inciter à adhérer à des théories complotistes.

Le scandale et la logique du buzz

Dans une logique marchande, les objectifs d'audience et de profit poussent les réseaux sociaux à maximiser le temps des utilisateurs sur leur plateforme. Pour ce faire, il convient de fournir aux utilisateurs des contenus susceptibles de les retenir. Un élément technologique entre alors en jeu dans la viralité des contenus conspirationnistes : les algorithmes.

Or, dans la plupart des cas, les thèses complotistes attirent davantage le regard et l'attention que les contenus classiques puisqu'ils présentent quelque chose de nouveau et de différent. Ainsi lorsque l'on tape « Est-ce que la Terre est plate ou ronde ? » sur YouTube, l'algorithme de suggestion présente 90 % de vidéos soutenant que la terre est plate[15].

La diffusion des contenus complotistes n'est pas seulement due aux réseaux sociaux. La logique marchande du buzz se retrouve également au sein des médias classiques en général, et de la télévision en particulier. Les travaux menés par Patrick Champagne ont montré comment la mise en concurrence des chaînes de télévision les unes avec les autres renforcée au fil des années par l'apparition des chaînes câblées, puis de la TNT a entraîné l'apparition d'un « nouveau principe de légitimité universel fondé sur l'audience majoritaire ou maximum[16] ». Dans cette course à l'audience, les sujets spectaculaires, polémiques, les phrases et les images chocs ont plus de succès qu'un traitement en profondeur des sujets d'actualité. Lorsqu'on s'arrête sur le prisme des sujets traités, de nombreuses études ont montré comment les sujets de société, les questions liées à l'immigration et à l'insécurité ont gagné en importance au sein des rédactions[17]. Ce fut notamment le cas de la campagne présidentielle de 2002 qui a été sclérosée par différents faits divers liés à l'insécurité.

Si ce type de sujets attise toujours les débats, la nouveauté ne se situe pas tant dans le type de thématiques abordées que dans la façon de traiter l'information. En l'occurrence, il s'agit d'une forme jusqu'au-boutiste de relativisme, consistant à affirmer que tous les discours se valent et que tous les discours sont bons à tenir. Que ceux-ci s'appuient sur des faits ou qu'ils soient de pures allégations mensongères n'a finalement que peu d'intérêt. De la même manière que les plateformes en ligne promeuvent les théories conspirationnistes parce que celles-ci attirent l'attention, certaines émissions de télévision deviennent des incubateurs à rumeurs et à *fake news*. À nouveau l'épidémie de Covid-19 a constitué une sorte de parangon. Des personnes comme le docteur Fouché, grand promoteur de l'hydroxychloroquine, critique acerbe des vaccins contre le Covid-19, qui rendraient – selon lui et sans aucune preuve – infertiles, fondateur d'un site de désinformation baptisé Réinfo Covid, a fait le tour des plateaux des chaînes d'information en continu, tout simplement parce que son discours à contre-courant « créait le débat ».

Toutefois, la population n'est pas dupe. La logique du buzz permanent est en général mal perçue. Celle-ci opère au détriment de la qualité des informations produites. 67 % des Français doutent souvent de la véracité de leur information, même si elle provient d'un média reconnu[18]. Pire, les Français sont las de ces débats stériles. Neuf Français sur dix trouvent ainsi qu'il n'est plus possible de débattre sans que cela tourne à un dialogue de sourds, voire à l'affrontement[19]. Ce n'est pas une surprise si des émissions comme *C à vous*, sur France 5, valorisant un débat de fond et apaisé entre des invités et des chroniqueurs choisissant une approche de fond des sujets, ont vu leurs audiences s'envoler pendant le confinement, à une époque où le manque de repères était à son maximum[20].

Plutôt que de faire du complotisme un phénomène créé en ligne et d'incriminer uniquement le rôle des réseaux sociaux, il convient donc d'appréhender à quel point les médias généralistes ont également leur responsabilité dans ce phénomène.

Chapitre VIII

Défiance institutionnelle

Printemps 2020. La première vague de l'épidémie de Covid-19 est à son apogée. Alors que les chercheurs tâtonnent pour trouver un remède efficace, un professeur marseillais fait grand bruit. À l'encontre du consensus scientifique et malgré les preuves qui s'accumulent, Didier Raoult déclare détenir un traitement miracle contre le Covid-19 : l'hydroxychloroquine. La question de l'hydroxychloroquine et du « protocole Raoult » fracture la société française entre « pro » et « anti-Raoult ». Chez les pro-Raoult, les théories complotistes sont légion. C'est le cas de Carole, 57 ans, qui explique : « Le gouvernement essaie de faire taire Raoult alors que son protocole marche, tout simplement pour rapporter plus d'argent aux labos avec un vaccin. C'est une manœuvre financière et rien d'autre. »

Dans la dynamique de soutien à Didier Raoult, sa renommée est déterminante. Un de ses plus fervents supporters, l'humoriste Jean-Marie Bigard, adepte des théories du complot, répète à l'envi dans ses vidéos Facebook qu'il est honteux de ne pas suivre le traitement recommandé par Raoult, alors que c'est un « champion du monde ». Le prestige du professeur marseillais – qu'il ne manque d'ailleurs pas lui-même de rappeler autant qu'il le peut, se présentant comme une « star des maladies infectieuses » – est un point central pour expliquer l'adhésion de tous ses supporters. Sur les groupes Facebook créés pour lui témoigner un soutien collectif, le fait qu'il soit « un scientifique mondialement reconnu », « le meilleur pour nous sortir de cette crise », « le médecin le plus capé de sa génération », « un chercheur brillantissime », est mis en avant quotidiennement. Cependant, toutes ces personnes qui font de la renommée scientifique un des moteurs principaux de soutien ne versent pas forcément dans les théories complotistes. Ils affirment néanmoins clairement que l'interdiction du protocole Raoult est dictée par les industries pharmaceutiques, dans le but de vendre un vaccin beaucoup plus rentable, même si moins efficace.

Le cœur de l'« affaire Raoult » n'est donc pas une opposition entre la science et l'obscurantisme, entre la raison et la passion, elle met simplement en balance deux visions de la science : d'un côté, celles des institutions scientifiques officielles, parisiennes, liées au gouvernement dans le cadre du Conseil scientifique. Et de l'autre côté, celle du professeur Raoult, sorte de héros solitaire, se battant, seul contre tous, contre les intérêts financiers de laboratoires pharmaceutiques. Les personnes qui soutiennent le professeur Raoult croient en la science, simplement elles ne croient pas que les institutions scientifiques officielles sont légitimes pour prendre des décisions aussi engageantes.

On peut faire le même constat hors du cadre de la crise sanitaire, par exemple à propos du réchauffement climatique. Dans un sondage réalisé par l'institut OpinionWay en avril 2019, 23 % des Français ne croyaient toujours pas que le réchauffement climatique était une réalité[1]. Aux États-Unis, cette question prend une tournure encore plus dramatique, avec en plus une coloration partisane indéniable. Quand 83 % des électeurs démocrates pensent que le réchauffement climatique est une menace majeure pour le pays, ce n'est le cas que pour 27 % des électeurs républicains. Les démocrates seraient-ils pro-science, au contraire des républicains ? Encore une fois, ce n'est pas là que l'explication principale réside, comme l'ont mis en lumière deux chercheurs américains. Républicains comme démocrates ne sont pas hostiles à la science, ils sont tous dans une recherche de la vérité. La différence se fait au niveau des institutions, que les citoyens considèrent comme fiables ou non en matière de constats et de prévisions. En l'occurrence, il existe une très faible confiance des électeurs républicains envers les institutions scientifiques officielles. Celles-ci leur apparaissent comme trop partiales, comme trop liées aux milieux écologistes et démocrates. Dans ces conditions, le réchauffement climatique ne serait pour eux qu'un moyen trouvé par ces milieux de gauche pour promouvoir un agenda politique qui irait à l'encontre des intérêts de la nation. Ces personnes ne sont pas opposées à la science, elles n'ont simplement pas confiance.

Le complotisme, forme ultime de la défiance institutionnelle

La défiance envers les institutions est le point central qui explique l'ampleur de l'adhésion aux théories complotistes. Revenons au cas du professeur Raoult. Il faut entendre les justifications données par ses soutiens pour comprendre le mécanisme à l'œuvre : « Aucune confiance dans le gouvernement… Le professeur Raoult semble soigner les patients avec des moyens connus et peu coûteux… », dit l'un d'entre eux. « C'est le seul qui m'inspire CONFIANCE et qui n'a aucun intérêt à nous gruger pour l'appât du gain », explique un deuxième. « Ce professeur fait partie de l'élite mondiale dans sa spécialité. Je lui fais entièrement confiance et je refuse de me laisser manipuler par tous nos politiques et les journalistes asservis au pouvoir en place », confirme un troisième.

Dans ces différents exemples, on saisit bien comment la confiance accordée à Didier Raoult est un corollaire de la défiance envers des institutions chargées de conduire la politique sanitaire du pays. Il ne s'agit pas forcément d'une défiance envers son gouvernement. Au sein d'une démocratie, le fait de ne pas avoir confiance, pour des raisons politiques, dans un gouvernement d'une autre couleur politique est sain. Le fait que les électeurs de gauche n'aient pas confiance dans un gouvernement de droite pour mener une politique sociale ou pour assurer une plus juste redistribution des revenus peut s'entendre, tout comme le fait que des électeurs de droite puissent avoir un sentiment similaire, sur d'autres thématiques, lorsque c'est un gouvernement de gauche qui est au pouvoir. Mais le complotisme touche à quelque chose de bien plus grave pour la vitalité de nos démocraties : une défiance envers les institutions politiques du pays qui sont censées garantir le bon déroulement du processus démocratique.

Le lien entre vision complotiste et défiance dans les institutions se saisit d'un point de vue quantitatif. Comme on l'observe sur le graphique ci-contre (Figure 5), plus les individus ont confiance dans leurs institutions politiques, plus ils vont se tenir éloignés des théories complotistes. Au contraire, de hauts niveaux de défiance envers les institutions politiques sont associés à une très forte adhésion aux théories complotistes.

Figure 5. Lien entre la défiance envers les institutions et l'adhésion aux théories du complot

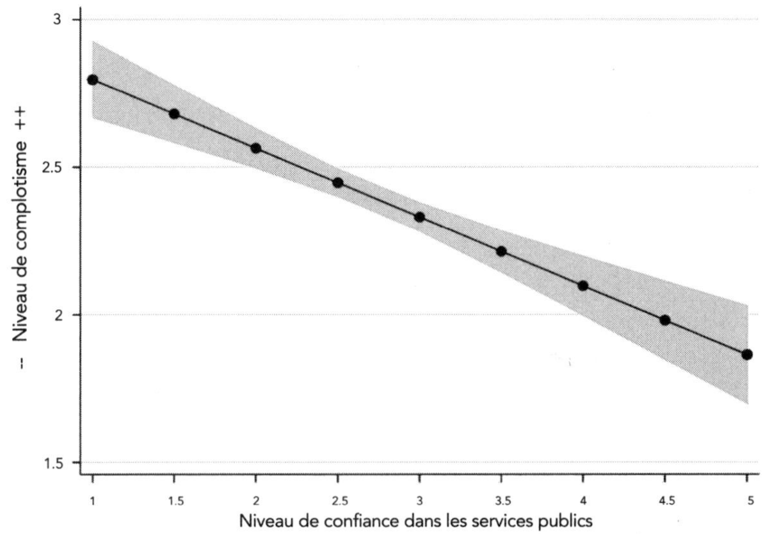

Mais comment s'opère le passage de l'un à l'autre ? Il faut analyser ce phénomène comme étant un continuum, où le glissement d'un comportement de défiance à un comportement complotiste n'est jamais certain, mais toujours possible, sous certaines conditions. Cela implique deux questions. À quel point la défiance institutionnelle constitue-t-elle une réserve importante d'adhésion au conspirationnisme ? Et d'où provient cette défiance ?

Des Français de plus en plus défiants envers leurs institutions politiques

De Didier, opposé à la vaccination, à Hervé manifestant contre le passe sanitaire, en passant par Corinne, critique de l'ensemble des mesures sanitaires du gouvernement, tous les exemples présentés dans cet ouvrage ont un fil rouge : le complotisme s'appuie sur l'extrême défiance des Français envers leurs institutions politiques. Trois phénomènes sont à ce propos particulièrement marquants. D'une part, nous avons très peu confiance dans nos institutions. D'autre part, d'année en année, ce phénomène a tendance à augmenter. Enfin, lorsque l'on se compare à nos voisins européens, nous sommes extrêmement mal placés en la matière.

29 % des Français déclarent avoir confiance dans les députés et dans les sénateurs, 36 % dans la présidence de la République et 11 % dans les partis politiques, selon les données fournies par l'enquête *Fractures françaises 2020*. Cette défiance se traduit également par un fort rejet du personnel politique, jugé peu digne de confiance, voire corrompu pour 65 % de nos compatriotes. Dans le même ordre d'idées, 8 Français sur 10 trouvent

que le personnel politique ne se préoccupe pas des gens comme eux[2]. En revanche, cette défiance ne se couple pas à une défiance envers les institutions régaliennes ou de service public : 71 % des Français ont par exemple confiance dans la Police, 76 % ont confiance dans l'École... C'est bel et bien uniquement à un problème avec nos institutions politiques auquel on assiste.

Par ailleurs, le phénomène s'aggrave. Le graphique ci-après (Figure 6) montre à quel point la dynamique enregistrée depuis une vingtaine d'années est celle d'une augmentation de la défiance politique. Même si des effets liés aux périodes électorales sont visibles – la confiance remonte quand un nouveau président est élu –, la confiance dans les partis politiques et dans le gouvernement est globalement en chute prononcée.

Des résultats similaires sont constatés par les chercheurs du Cevipof de Sciences Po Paris : selon le baromètre de la confiance politique réalisé chaque année, entre 2009 et 2020, la confiance dans l'Assemblée nationale est passée de 39 % à 26 %, et la confiance dans l'institution présidentielle de 34 % à 25 %. Cette confiance a surtout baissé dans les catégories populaires alors qu'elle est restée stable dans les catégories moyennes et supérieures.

Figure 6. Évolution de la confiance des Français envers les partis politiques et envers le gouvernement

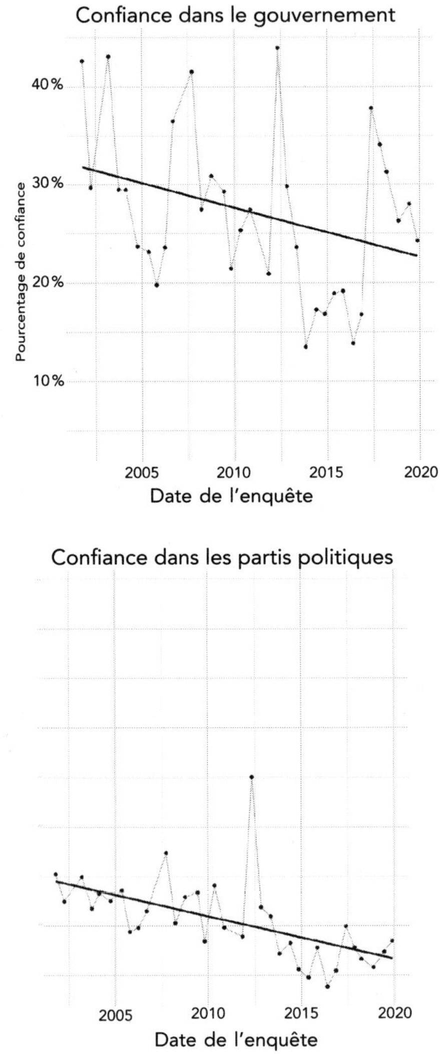

Source : Eurobaromètres 2001-2019

Enfin, il existe une spécificité française. Lorsque l'on se compare avec nos voisins européens, la différence est manifeste, comme le montre le graphique ci-après (Figure 7). Notre confiance politique se rapproche beaucoup de celle de pays d'Europe du Sud (Espagne, Italie) ayant connu une histoire politique, de court et de moyen terme, extrêmement tumultueuse. Pire, nous apparaissons largement comparables à des

Figure 7. Échelle de la confiance politique dans différents pays européens[3]

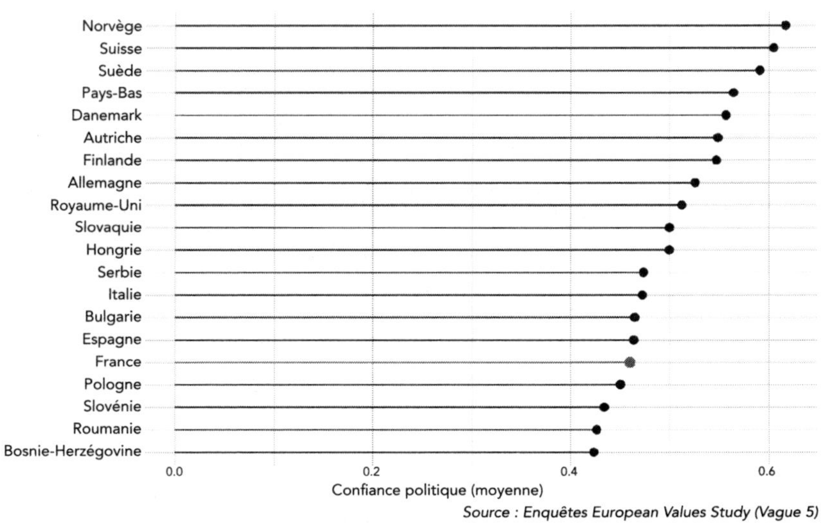

pays d'Europe centrale, dont les institutions sont tout sauf stables. Au contraire, nous sommes assez éloignés de nos voisins d'Europe de l'Ouest et d'Europe du Nord manifestant des niveaux de confiance institutionnels élevés.

Aux racines du conspirationnisme

Trois raisons majeures expliquent que les Français aient si peu confiance dans leurs institutions politiques. Tout d'abord, le fait que les institutions politiques aient failli et qu'elles ne soient plus jugées capables de protéger efficacement les citoyens contre les aléas de l'existence. Ensuite, et c'est là un point essentiel, le fait qu'elles ne sont pas suffisamment représentatives, et donc trop déconnectées des citoyens ordinaires. Enfin, le fait que les représentants politiques qui les dirigent ne soient pas jugés suffisamment dignes de confiance.

Le manque de confiance dans nos institutions politiques, premier terreau du complotisme, provient tout d'abord de la déception que nous pouvons éprouver face à l'inefficacité de nos institutions. Leur performance est un élément essentiel dans la confiance. Le problème n'est pas tant que la situation est mauvaise, mais que beaucoup de Français perçoivent une situation qui se dégrade de plus en plus. Nous avons l'impression d'évoluer dans une société de plus en plus injuste, de plus en plus incertaine. Ce sentiment d'un déclin français est ainsi partagé par une bonne partie de nos concitoyens. À ce niveau, les chiffres sont évocateurs : seuls 14 % des Français pensent que leur niveau de vie s'est amélioré au cours des dernières années, seulement 36 % pensent que leur situation sociale est meilleure que celle de leurs parents au même âge, et c'est un pourcentage similaire qui déclare être satisfait de la vie qu'il mène[4]. Sans surprise, cela se traduit par 68 % des Français affirmant que la France est en déclin[5].

Il est également nécessaire de se départir d'une vision psychologique faisant de la défiance envers les institutions un ressort lié aux traits de caractère d'une personne, ou au fait que nous serions collectivement des « Gaulois réfractaires ». Au contraire, notre défiance est liée à une caractéristique politique de ces dernières années : le fait de se sentir ou non représenté par le personnel politique. D'une manière similaire à ce que l'on constate avec le phénomène « populiste », les proches des partis politiques situés dans les marges électorales, comme La France insoumise ou le Rassemblement national, sont les plus défiants envers les institutions scientifiques. Cela signifie-t-il pour autant que ces personnes sont structurellement défiantes ou qu'elles le sont uniquement parce qu'elles ont l'impression que leurs idées ne sont pas correctement représentées au sein des institutions politiques du pays ? Une étude a apporté une réponse claire à cette question : lorsque des partis populistes, rassemblant un nombre considérable de « défiants » accèdent au pouvoir, la confiance de ces électeurs populistes envers les institutions augmente. Au contraire, celle des électeurs des partis non populistes a tendance à baisser[6]. Beaucoup n'ont pas confiance dans les institutions politiques tout simplement parce qu'ils ont l'impression que celles-ci leur ressemblent trop peu et sont donc incapables de protéger efficacement leurs intérêts.

En outre, le fait que nous soyons en France sur des niveaux de défiance institutionnelle plus importants que chez nos voisins européens vient mettre en lumière la spécificité du système politique français. En France, en effet, l'essentiel de la vie politique est articulé autour de l'élection présidentielle, élection reine de la Ve République. La participation entre les différentes élections est révélatrice : pour toutes les élections, on constate une augmentation de l'abstention électorale, signe, entre autres, d'un désintérêt pour ce type de scrutin, à part pour l'élection présidentielle, où la participation reste forte et stable, autour de 80 %. La focalisation sur l'élection présidentielle produit des attentes démesurées envers un président pourtant limité dans ses marges de manœuvre. Cela est par ailleurs renforcé par le mode de scrutin – majoritaire à deux tours – de l'élection, donnant à beaucoup d'électeurs l'impression de voter « contre » un candidat au second tour, plutôt que de choisir réellement un projet de société. Lorsque l'on prend en compte les véritables motivations du vote pour Emmanuel Macron lors du second tour de l'élection présidentielle de 2017, le pourcentage de personnes déclarant avoir voté « pour le projet » d'Emmanuel Macron ne représente que 6 % du corps électoral[7]. Dans ces conditions, il semble difficile de donner confiance dans les institutions quand les responsables politiques qui en sont à la tête ont l'adhésion d'une minorité de la population française.

Un élément plus indirect peut également jouer : la place absolument disproportionnée prise par la communication politique entraîne des revirements incessants difficiles à accepter. Le phénomène est assez similaire à l'impact des médias dans le phénomène complotiste. Le brouhaha médiatique, l'absence de parole de référence, l'impression que tout peut se dire et que tout se vaut produisent l'impression que l'on ne peut se fier à aucun discours ni à aucune personne. Il en va de même des discours politiques, lorsque ces derniers se contredisent, pour les besoins politiques du moment, sans prendre en compte les conséquences de long terme. Prenons encore une fois le cas de l'épidémie de Covid-19, et plus particulièrement la question de masques de protection. Alors que dans les premières semaines de l'épidémie et dans un contexte de pénurie, les masques furent déconseillés – rappelons-nous Sibeth Ndiaye, porte-parole du gouvernement, expliquant que les Français ne sauraient de toute façon pas comment faire pour les porter –, ils furent finalement rendus obligatoires en intérieur, puis en extérieur. Ces incohérences dans les recommandations et dans les obligations gouvernementales se sont traduites par une opposition au port du masque, un « mouvement anti-masque » comme le nommèrent les médias, même s'il fut davantage actif en ligne que sur le terrain.

Prenons le cas de Maud. Elle a une petite cinquantaine d'années et travaille dans les ressources humaines. Elle ne s'informe pas uniquement par Internet et les réseaux sociaux, même si elle privilégie ces canaux d'information. Voici comment elle justifie sa présence sur le groupe anti-masque et son opposition globale au port du masque : « Il y a quelques mois le gouvernement nous dit que c'est interdit de mettre un masque, maintenant il nous dit que c'est interdit de pas en mettre. Comment on peut expliquer un revirement de la sorte en l'espace de quelques mois ? Je ne suis pas complotiste mais est-ce qu'il n'y aurait pas des intérêts financiers là-dessous…

Vu le prix auquel les masques sont vendus, ça ne m'étonnerait pas plus que ça... »

Autre exemple du même ordre, celui de Serge, 35 ans, qui travaille dans une PME : « Pas recommandé, puis interdit à la vente, puis obligatoire dedans, puis obligatoire dehors. Quand tu vois ça, tu te rends compte qu'il n'y a plus aucun truc de vrai dans ce que ces gens disent. Je ne crois plus en rien de ce qu'ils disent. »

Sans exprimer directement une pensée conspirationniste, ni une théorie conspirationniste étayée comme on en retrouve sur les réseaux sociaux, Maud et Serge montrent néanmoins des signes clairs de la dynamique qui est en jeu. Le fait de se sentir trahi par la parole politique entraîne de la défiance dans cette parole et dans les institutions, et cette défiance, lorsqu'elle se généralise, peut muter en conspirationnisme.

Chapitre IX

Peur et rumeurs

Franck a 35 ans et s'oppose à l'obligation du port du masque en extérieur. Il s'informe en priorité sur les réseaux sociaux, ne participe pas aux élections et fait preuve d'une extrême défiance envers les institutions politiques du pays. Quand il parle des masques de protection, son discours prend vite une tournure complotiste : « Le masque, c'est une muselière. Il a juste été mis en place pour tester la servilité de la population, il n'a aucune logique scientifique. Aujourd'hui le masque, demain la puce dans le vaccin et comme ça, on devient les esclaves de la société capitaliste. »

Sarah a 28 ans et présente le même profil sociopolitique que Franck, venant elle aussi des classes moyennes et étant elle-même très défiante envers les institutions de notre pays. Mais si elle s'oppose également au port du masque en extérieur, il n'y a aucun relent complotiste dans son discours : « Je trouve que le gouvernement manque clairement de perspective et d'une vision de long terme. Si l'épidémie dure des années, on va continuer à vivre confiné, pouvoir sortir de chez soi uniquement avec un masque et être livré par UberEats ? Je remarque qu'en Suède ce sont les seuls à avoir une vision de long terme et en Suède le masque n'est pas obligatoire. »

Deux profils similaires, deux discours opposés au port du masque, mais un seul complotiste. Comment la bascule dans le complotisme se réalise-t-elle ?

La peur, moteur du complotisme

Les émotions ont des effets décisifs sur les comportements individuels. La peur, en particulier, constitue un moteur essentiel du complotisme, c'est elle qui active le passage de la simple défiance à une vision conspirationniste du monde.

Cette peur peut soit être intrinsèquement liée à la personnalité d'un individu, soit provenir du contexte. Sur le premier point, la recherche a montré avec beaucoup de précision que les personnes angoissées par nature vont être plus à même d'adhérer aux théories du complot[1]. L'hypervigilance dont elles font preuve en permanence les pousse parfois au bord de la paranoïa et il n'est pas rare qu'elles croient à des complots contre elles-mêmes. La littérature et le cinéma anglo-américains n'ont pas manqué de souvent mettre en scène l'image de cette personne repliée sur elle-même, surarmée et ayant l'impression d'être mise sur écoute et surveillée en permanence par les services secrets. C'est par exemple le rôle que tient Gene Hackman, dans le film *Ennemi d'État* réalisé par Tony Scott. Si cette représentation du complotisme a l'avantage de fournir des images spectaculaires, il s'agit là d'une minorité de conspirationnistes. En fait, la plupart des complotistes ne sont pas des personnes par nature paranoïaques – même si celles-ci sont bien sûr plus à même d'adhérer à une vision complotiste du monde. La peur qu'elles éprouvent est plutôt liée au contexte.

Concrètement, c'est au cours d'épidémies, de guerres ou encore de paniques financières, par la peur existentielle qui en résulte, qu'augmentent les paniques complotistes. Faisons ainsi un bref retour par l'histoire : au Moyen Âge, époque où les épidémies comme la lèpre, mais surtout la peste, se multiplient en Europe – au XIVe siècle, la peste se solde par la mort de près d'un tiers de la population européenne –, le hasard ne suffit pas à expliquer la tragédie. La demande d'explication, mais plus encore de coupables, devient manifeste. Une rumeur se diffuse alors à travers une grande partie de l'Europe, faisant des Juifs les boucs émissaires de ces épidémies. Même s'ils paient un tribut équivalent en termes de morts, ils sont accusés d'avoir contaminé les puits des chrétiens afin de prendre leur place sur le continent européen. Cette rumeur se propage de village en village, de ville en ville et de pays en pays, par le bouche-à-oreille. À Cologne, à Bâle, à Strasbourg, à Mayence, des pogroms d'une violence spectaculaire ont lieu sur le fondement de cette seule rumeur. À Strasbourg, le jour de la Saint-Valentin 1349, près de deux mille Juifs sont ainsi brûlés sur un bûcher. Au total, des dizaines de milliers de Juifs sont tués à travers le continent, si bien que le pape menace d'excommunication ceux qui s'en prendraient à eux.

Dans des circonstances historiques différentes, la peur générée par l'épidémie de coronavirus a également été à l'origine d'une flambée des théories conspirationnistes. La peur s'est peu à peu installée au sein de la population. Considérons par exemple la question du vaccin contre le Covid-19. Pourquoi, dans un premier temps, près d'un Français sur deux[2] ont refusé la vaccination ? Parce qu'ils avaient peur. Les deux premières raisons invoquées étaient en effet la crainte des effets secondaires et le fait que l'on n'avait pas suffisamment de recul sur le vaccin. Bien sûr, tous ceux qui ont fait preuve de scepticisme dans un premier temps n'étaient pas des antivaccin convaincus, ni des adeptes des théories du complot. Mais ils portent en eux le germe d'un basculement vers une vision du monde conspirationniste. La peur peut en effet pousser certains individus à tout remettre en question, même les faits les plus solidement établis et les discours confirmés par la plupart des institutions scientifiques. C'est ce moteur qui a poussé un tiers de la population française à soutenir le professeur Raoult au printemps 2020, convaincus de son protocole salvateur grâce à sa posture de sauveur face à cette épidémie incomprise. « C'est le seul qui peut nous sauver, il se bat contre Big Pharma », expliquait un de ses soutiens. « Il faut prendre le risque du protocole Raoult, c'est notre seule chance », confirmait un autre.

L'importance de l'effet de groupe

« Je ne suis pas un mouton, je refuse de suivre aveuglément un gouvernement corrompu et de me faire vacciner juste pour les intérêts financiers d'une minorité de privilégiés », explique Marc, 50 ans, sur un groupe Facebook d'opposition à la vaccination. Lorsque l'on navigue sur les différentes communautés plus ou moins ouvertement complotistes, qu'elles soient focalisées sur des questions sanitaires comme lors de l'épidémie de Covid-19, ou directement politiques, comme celles qui soutiennent le mouvement QAnon, la rhétorique du « mouton » revient régulièrement. Les citoyens « ordinaires » seraient aveuglés par les discours officiels relayés dans les grands médias et auraient perdu tout sens critique. À côté de cela, un groupe de citoyens éclairés serait quant à lui en mesure de décrypter le discours de ces institutions et de saisir leur véritable dessein, bien souvent funeste. C'est la représentation du complotiste caricaturé comme un « loup solitaire », replié sur lui-même et sur ses croyances, même si cette vision est éloignée de la réalité tant il convient de prendre en compte la dimension « sociale » du complotisme[3].

Le sentiment d'appartenir à une élite populaire « éclairée », qui ne voit pas les choses comme le commun des mortels, produit un profond effet de fédération au sein du groupe. Celui-ci a ainsi davantage tendance à radicaliser en retour la croyance complotiste. Les « stars » anti-vaccin comme Christian Tal Schaller, ancien généraliste désormais reconverti dans la médecine alternative, Jean-Jacques Crèvecœur, coach en développement personnel, ou encore Louis Fouché, anesthésiste-réanimateur à Marseille, se regroupent dans une petite communauté, qui multiplie les live vidéo les uns avec les autres et se considère comme la véritable sphère de sachants face à des élites corrompues. Preuve de la solidité de leurs convictions, ses membres se sont réunis en juin 2021 lors d'une « université citoyenne » près d'Avignon[4]. Ils font preuve de « narcissisme collectif[5] », ayant le sentiment d'œuvrer pour le bien au nom du reste de la population majoritaire apathique.

Être complotiste ne signifie pas être par principe hostile à la science et à la vérité, mais simplement douter des cercles qui les propagent. Dans ces conditions, appartenir à une sorte de contre-société, qui se croit mieux informée par rapport au reste de la population, crée un effet fédérateur puissant qui peut expliquer l'attrait pour ces théories à une époque où les différentes institutions de socialisation déclinent.

Théories du complot et superstitions

Le complotisme prospère sur un déclin des religions traditionnelles en tant que système structuré de croyances individuelles. Pour autant, la complexification des croyances que l'on observe depuis plusieurs décennies s'articule avec le développement de croyances complotistes. Si l'institution religieuse chrétienne décline, la part de catholiques par exemple étant passée de 70 % en 1981 à 32 % en 2018[6], cela ne veut pas pour autant dire que les croyances suivent le même mouvement. La part de Français croyant qu'il existe une vie après la mort est ainsi passée de 35 % en 1981 à 41 % en 2018, la part de ceux croyant au paradis de 26 à 35 % et la croyance en la réincarnation de 22 à 26 % dans le même laps de temps[7]. Cette mutation des croyances, moins déterminée par l'institution catholique, mais plus individuelle, est particulièrement marquée chez les jeunes générations.

L'essor depuis le début des années 2000 des parasciences constitue un terreau fertile au complotisme dans la mesure où celles-ci mettent en avant une vérité qui échappe aux théories scientifiques ordinaires. Selon une étude réalisée par la Fondation Jean-Jaurès, le pourcentage de personnes croyant à l'astrologie est passé de 33 % à 41 % entre 2000 et 2020. Au cours de la même période, la part des Français croyant à la sorcellerie est passée de 21 à 28 % et la part de ceux croyant à la voyance, de 18 à 26 %. L'étude montre clairement que plus une personne va croire dans les parasciences, plus elle va avoir une sensibilité complotiste.

Troisième partie

Restaurer les Lumières

Chapitre X

L'impasse de l'éducation

L'année 2020 marque une profonde mutation de la question complotiste. Thématique jusqu'alors marginale ou peu préoccupante, la diffusion massive du documentaire *Hold-Up* a montré que le conspirationnisme était bel et bien un sujet d'inquiétude, tant ces thèses peuvent avoir un impact important au sein de la population[1]. Les différentes enquêtes menées sur la population française montrent que deux Français sur dix sont « tout particulièrement sensibles » aux théories complotistes et développent une « mentalité conspirationniste », quand trois Français sur dix ont une « certaine sensibilité ».

Face à ce phénomène, de nombreuses rédactions se sont posé les mêmes questions : comment faire face au complotisme ? Comment éduquer les complotistes ? Comment les ramener à la raison ?

Les réponses apportées par les experts diffèrent généralement largement en fonction du profil des individus visés. Comme nous le montrions dans le premier chapitre, il est en effet commun de distinguer d'un côté le groupe des individus légèrement sensibles aux théories complotistes, mais n'étant pour autant pas encore complètement pris dans la logique complotiste, et d'un autre côté ceux ayant déjà développé une forte mentalité conspirationniste.

Les réponses à apporter au premier groupe portent généralement sur le terrain de l'éducation. Il s'agirait d'éduquer les conspirationnistes, de les raisonner, au sens premier du terme. Leurs croyances traduiraient en effet une valorisation à outrance des passions au détriment de la raison. Il serait donc du devoir de chacun de se livrer à cette bataille culturelle en essayant d'« éduquer » les complotistes présents dans son entourage. Cette vision part du postulat que les complotistes sont des individus de bonne foi qui retourneront à la raison lorsqu'on leur montrera que leurs croyances sont irrationnelles face à des vérités scientifiques que l'on peut démontrer.

Concernant le second groupe, celui des individus déjà fortement tombés dans le complotisme, le phénomène serait bien plus grave qu'un seul manque d'éducation : il s'agirait au contraire d'une « mauvaise éducation ». Les complotistes seraient bel et bien informés, mais ils le seraient *via* les mauvais canaux. Dans ces circonstances, il serait donc nécessaire de les « rééduquer » avec de vraies informations.

Or, ces deux visions du phénomène complotiste sont largement insuffisantes, et même contre-productives.

Les impasses de la stratégie éducative

Les études mettent en évidence que plus le niveau d'éducation est faible, plus l'adhésion aux théories du complot est importante. La traduction logique de cet état de fait serait donc claire : il faudrait éduquer les complotistes, dans la mesure où leur manque d'éducation serait la véritable cause de leur croyance. L'éducation s'entend par ailleurs de deux manières différentes, en termes de quantité d'informations disponibles et de formation d'un esprit critique.

Selon la théorie baptisée « effet Dunning-Kruger[2] », les personnes les moins compétentes surestimeraient leurs compétences et seraient amenées à diffuser des théories pourtant inexactes, quand les plus compétentes sous-estimeraient au contraire leurs connaissances et ne feraient pas l'effort de lutter contre les théories fallacieuses. Comprendre un phénomène dans toute sa complexité nécessite beaucoup de temps, or, dans notre univers de l'immédiateté, ce temps ne serait plus disponible.

Lorsque les personnes surestiment leurs capacités de raisonnement, elles auraient également tendance à davantage adhérer aux théories complotistes, précisément parce que ces thèses s'appuient sur des raisonnements et des chaînes de causalité simplistes qui ne résistent pas à une connaissance plus élaborée du sujet. La question des effets secondaires potentiels des vaccins illustre parfaitement cet effet. Une fausse théorie ayant beaucoup circulé était que la vaccination était à l'origine de l'autisme. Une étude a ainsi montré que moins les personnes comprenaient ce qu'était l'autisme, plus elles allaient avoir tendance à dire que le vaccin était à l'origine de l'autisme. C'est également un parallèle que l'on a pu faire avec l'hydroxychloroquine. Les soutiens au professeur Raoult, extrêmement présents sur les réseaux sociaux, explicitaient leur conviction grâce à ce qu'ils pensaient être une connaissance précise du traitement et de la maladie. Or, cela était fondamentalement impossible : même les meilleurs spécialistes de la question n'avaient pas encore de réponse claire à apporter.

Toutefois, le passage de la croyance dans une *fake news* à une croyance complotiste n'est pas forcément immédiat. On peut par exemple croire en l'efficacité de l'hydroxychloroquine pour lutter contre le Covid-19 par manque d'informations suffisantes sur le sujet, sans pour autant être complotiste. Cependant, comme nous l'avons vu, le sentiment d'appartenir à une communauté éclairée, en l'occurrence, celle qui comprend réellement l'épidémie et comment la soigner, par rapport à des élites qui interdisent le traitement et le reste de « moutons » présents dans la population peut amener à soutenir une théorie complotiste.

C'est exactement ce que l'on constate dans le témoignage suivant, recueilli auprès d'un soutien du professeur marseillais : « Toutes ces élites veulent absolument discréditer les recherches de Raoult. Toutes les études n'appliquent pas le protocole à la lettre de ce professeur. Ils utilisent toujours l'hydroxychloroquine quand les patients sont bien malades, le protocole dit bien qu'il faut l'utiliser dès les premiers symptômes, jamais après 10 ou 14 jours !!! L'association de cet antiviral + antibiotique ne coûte surtout pas cher pour tous ces laboratoires pharmaceutiques qui sont pourris et comme à leurs habitudes, ils achètent beaucoup de médecins, de scientifiques. Conflits d'intérêts majeurs. Énormément de pays l'utilisent excepté la France !!!! Nos armées et d'autres personnes en prennent depuis des années, ils ne sont pas morts !!! Merci à Mme Buzin [*sic*] et son mari M. Levy !!!! Et honte à la France. »

On voit comment le glissement s'opère. Le sentiment de comprendre précisément la maladie et le traitement proposé pousse à rechercher toutes les causes qui pourraient être à l'origine de l'interdiction. Et dans ce cas-là, la cause du complot arrive souvent en première position. On comprend dès lors pourquoi la théorie Dunning-Kruger est liée à la question de l'éducation. En augmentant le niveau de connaissances moyen de la population, nous serions ainsi en mesure de faire en sorte que les personnes dépassent le niveau initial de fausse croyance pour en arriver à une remise en question de leurs connaissances et, finalement, à une vraie compréhension du sujet.

Le niveau moyen d'éducation n'a jamais été aussi élevé

« Niveau en maths et en science : la France s'enfonce[3] », titre *Libération*. « Le niveau des diplômes a baissé selon l'Insee[4] », renchérit *Le Figaro*. Le fait que le niveau scolaire des Français serait en baisse, voire en chute libre à en croire certains éditoriaux sensationnalistes, est répété à l'envi dans les journaux et sur les plateaux de télévision. Si le niveau scolaire baissait réellement, on comprendrait pourquoi la question de l'éducation serait essentielle pour lutter contre le complotisme. Nous serions donc en présence d'une « armée de réserve » du complotisme de plus en plus importante.

Cette vision du niveau d'éducation des Français est erronée. C'est en effet un point qui a déjà été soulevé par les chercheurs[5], même si le niveau des diplômes a tendance à être plus faible qu'auparavant, beaucoup plus de jeunes ont accès à ces diplômes. Par exemple, si le baccalauréat est plus aisé aujourd'hui qu'il ne l'était il y a trente ans, une plus large proportion de jeunes sont bacheliers. Alors qu'ils n'étaient que 30 % de bacheliers en 1980, ils sont désormais plus de 80 %.

Contrairement à l'idée reçue, le niveau d'éducation augmente dans notre société. Le phénomène complotiste dépasse donc la question de l'éducation. Cela s'est observé avec l'épidémie de Covid-19, qui a mis sur le devant de la scène des mouvements d'opposition au sein desquels des théories complotistes. C'est le cas des anti-masques de l'automne 2020 et du mouvement contre le passe sanitaire de l'été 2021. Or, dans les deux cas, les personnes les plus mobilisées, c'est-à-dire celles qui se réunissaient et s'exprimaient sur les réseaux sociaux, se caractérisaient par un niveau d'éducation relativement élevé. Réduire le complotisme à un manque d'éducation revient à se tromper de cible.

Les nouvelles générations sont particulièrement critiques

Il ne suffit pas seulement d'augmenter la quantité de connaissances, mais aussi de développer l'esprit critique des jeunes générations pour lutter contre leur propension à adhérer aux raisonnements complotistes dont les caractéristiques premières sont qu'ils sont simplistes et réducteurs.

Si elles adhèrent tout particulièrement aux théories complotistes, c'est qu'elles n'auraient pas les armes pour décoder le monde complexe qui les entoure. Toutefois, affirmer que les jeunes générations n'ont aucun esprit critique et qu'elles se contentent de s'abreuver bêtement des *fake news* sans avoir la possibilité de les décoder ou de les mettre à distance est inexact.

Les jeunes générations sont critiques, et ne se laissent pas enfermer dans des croyances et dans des dogmes qu'on chercherait à leur imposer. Cela se constate de deux manières différentes : dans la manière dont elles s'informent et dans le lien aux institutions – notamment aux institutions politiques – qu'elles entretiennent.

Rien ne sert de fantasmer un paysage médiatique des années 1970 aux années 1990 comme particulièrement propice à l'esprit critique. Cette époque où la télévision était omnipotente en tant que principal média audiovisuel correspond à ce que l'on a appelé l'« âge d'or de la communication politique[6] ». Sa toute-puissance permettait aux hommes politiques de convaincre et de persuader les citoyens, en particulier en période électorale. Au contraire, la période actuelle où les médias et les messages se multiplient rend beaucoup plus compliquée la manière de penser l'influence directe sur les citoyens par des entrepreneurs politiques plus ou moins bien intentionnés. L'aspect négatif du phénomène de bulle de filtre doit être tempéré par le fait que, d'un point de vue technique, la multitude des canaux d'informations remet ainsi largement en question l'influence particulière de chacun d'entre eux.

Le constat est le même lorsque l'on s'intéresse au rapport des Français à la politique. À bien des égards, les nouvelles générations sont beaucoup plus critiques vis-à-vis du fait politique que ne le sont les anciennes. Il faut en effet comprendre que l'engagement politique traditionnel s'est modifié depuis les années 1980 et 1990. Pendant longtemps, il s'est fait de manière totalement verticale. Une grande idéologie (libéralisme, communisme, socialisme) était portée par un parti politique. Les leaders politiques n'étaient que les porte-parole du parti et les citoyens adhéraient de manière complète soit directement au parti soit au programme qu'il défendait. Le point essentiel dans le militantisme, comme dans la croyance politique, était l'absence de recul par rapport aux directives partisanes et à l'idéologie véhiculée par le parti. L'heure était au verticalisme et à la toute-puissance de l'institution partisane, que ce soit dans la pratique militante ou dans le comportement politique.

Mais la donne change à mesure que l'individualisme se développe et que chaque individu peut construire sa propre croyance politique en dehors des dogmes et du carcan partisan. Cela se traduit de deux manières différentes. Au niveau du militantisme, l'engagement se fait de manière beaucoup plus intermittente avec des périodes marquées par une forte participation et d'autres par un repli hors du militantisme, mais également par un passage d'une cause à une autre en fonction de la période et du ressenti individuel. Au niveau du vote, on constate d'un côté un vote intermittent, en fonction du jugement concernant l'aspect central ou secondaire de l'élection, et également un comportement électoral pouvant se modifier au cours de l'existence.

Vivre dans une bulle

5 août 2021, Allemagne. Après plusieurs mois de blocage, le Tribunal constitutionnel de Karlsruhe valide une augmentation de la redevance des citoyens allemands pour donner aux médias les moyens de lutter contre les *fake news*. Les juges précisent ainsi que les médias doivent désormais présenter « la vérité grâce à des informations authentifiées, recherchées avec sérieux, et qui permettent de différencier les faits des opinions, en ne laissant pas le sensationnalisme prendre le dessus[7] ».

Comment faire sortir les complotistes de leur bulle cognitive dans laquelle ils se sont enfermés ? Comment arriver à leur fournir suffisamment de connaissances qui vont mettre à mal leur argumentaire et leur croyance ? À l'instar des médias allemands, de nombreuses rédactions se sont engagées dans un large travail de *fact checking* des informations. La diffusion de *fake news* constitue en effet un premier pas vers la rhétorique et les croyances complotistes. Du service « check-news » de *Libération*, aux « décodeurs » du *Monde* à la plateforme « Vrai ou Fake » sur FranceinfoTV, quasiment toutes les rédactions grand public se sont pourvues d'un service dédié. Les débats politiques eux-mêmes sont suivis d'une séquence de *fact checking* des déclarations des différents candidats. C'est par exemple le cas d'un des premiers débats de la campagne présidentielle entre Jean-Luc Mélenchon et Éric Zemmour en octobre 2021, sur BFMTV, où l'intervention de « *fact checkers* » a rythmé l'émission, non sans susciter l'ire des deux invités.

Malheureusement, ce type de contenus et de travail de vérification a en réalité peu d'impact sur les complotistes. L'explication est simple : ils ne croient pas dans la légitimité des institutions qui se chargent de ce travail de contre-argumentation. La défiance dans les institutions, politiques, médiatiques et même sanitaires, lorsque ces dernières édictent des recommandations politiques, est à la base du complotisme. Dans ces conditions, il est vain de croire que les institutions qui produisent elles-mêmes leurs propres outils de vérification parviendront à renverser l'opinion d'individus qui les honnissent.

Les citoyens qui participent des bulles de filtres n'y sont pas par hasard. S'ils ne s'informent pas par les médias classiques, c'est pour des raisons précises. Il est donc illusoire de penser que l'on peut, avec un peu de stratégie et de volontarisme, les ramener vers la « vérité ». Prenons l'exemple de Dominique, retraitée et membre d'un groupe Facebook opposé à la vaccination. Voici l'opinion qu'elle porte sur les médias traditionnels : « J'ai encore plus de haine envers les médias qu'envers le gouvernement. À ce stade, c'est carrément de la propagande, il n'y a aucun esprit critique, c'est TV Macron en permanence. Moi je ne m'informe plus que sur les réseaux sociaux, là au moins on peut avoir un son de cloche différent et ça fait du bien ! »

Les témoignages de ce type sont légion dans notre panel. Ces individus savent très bien pourquoi ils ne s'informent pas de manière classique, pourquoi ils ne vont pas lire la presse traditionnelle, écouter les chaînes de télévision généralistes ou se fier aux institutions politiques et/ou sanitaires : ils ne leur font aucunement confiance.

Le bien et le mal

La volonté de prendre une posture de surplomb par rapport à la question complotiste en traçant une ligne venant séparer le Bien et le Mal a toutes les chances de se retourner contre celui qui se livre à une telle entreprise. Lors de l'apparition de la pandémie de Covid-19, les scientifiques penchent dans un premier temps en faveur d'un développement naturel de la maladie en pointant notamment du doigt les marchés d'animaux de la région de Wuhan. Le pangolin est présenté comme le vecteur le plus probable de ce nouveau coronavirus. Puis, une explication alternative voit le jour : le virus aurait été développé dans un laboratoire de la région. À l'époque, cette seconde explication est mal perçue dans les médias et chez les principaux responsables politiques. Pire encore, c'est une thèse taxée de complotisme. Pourtant, quelques mois plus tard, même l'Organisation mondiale de la santé (OMS) réclame dans son enquête sur les origines de l'épidémie « le contrôle des laboratoires » chinois présents dans la zone d'apparition du virus.

La science est toujours en mouvement, et ce que l'on croyait faux un jour peut être la vérité du lendemain. Il faut donc se garder de traiter trop vite de « complotistes » ceux dont l'avis diverge dans un premier temps de la théorie officielle : la vérité d'un jour peut être la théorie complotiste du lendemain, et inversement. Quitte à assumer un exemple anachronique, Galilée n'aurait-il pas été lui aussi taxé de complotisme lorsqu'il expliqua, contre les croyances de l'époque, que la Terre était ronde ?

De la même manière que le terme de « populiste » est utilisé pour discréditer des adversaires politiques en faisant de cette qualification un synonyme de « démagogue », le complotisme est souvent utilisé pour discréditer des revendications ou des questionnements. Prenons par exemple le mouvement contre le passe sanitaire, recueillant la sympathie de 40 % de la population française lors de l'été 2021. Par glissement, il a vite été considéré comme un mouvement antivaccin et ramené à une vision complotiste de l'épidémie. Quelle est la réalité ?

Les antivaccins et les complotistes étaient en fait loin d'être majoritaires au sein d'un groupe dont le principal mot d'ordre était la liberté, voire la critique de la légitimité du personnel politique prenant ces décisions. Comment peut-on en effet dire que ce mouvement, recueillant la sympathie de 40 % de la population, était antivaccin alors qu'au moment précis des manifestations seuls 17 % de la population déclaraient encore refuser de se faire vacciner ? L'opposition au passe sanitaire dépasse ainsi largement le seul cercle des complotistes antivax.

Quelques mois plus tôt, à l'automne 2020, au moment où ont eu lieu les annonces concernant l'imminence de l'arrivée d'un nouveau vaccin, la France se caractérisait par un niveau de scepticisme à son propos inégalé dans le monde. Plus d'un Français sur deux affirmait refuser de se faire vacciner. La question qui tarauda les médias était de comprendre pourquoi les Français étaient structurellement antivax, en faisant d'ailleurs un lien très net entre le refus de la vaccination et le complotisme. C'est par exemple cet article du journal *L'Express* qui, en novembre 2020, titre : « Covid-19 et conspirationnisme : les antivaccins arrivent à conquérir de nouveaux publics[8] ». Or, d'une part les Français n'étaient pas foncièrement antivax : leur comportement était spécifiquement lié au vaccin contre le Covid-19, pas à la vaccination en général. Et surtout, cette réticence à se faire vacciner n'était pour l'immense majorité d'entre eux en rien liée à des attitudes complotistes. La raison avancée pour justifier leur refus concernait leur doute sur l'efficacité d'un vaccin pour lequel nous n'avions pas suffisamment de recul (63 %)[9].

Quelques mois plus tard, le pourcentage de personnes refusant toujours de se faire vacciner avait chuté pour atteindre 17 % à l'été 2020, parce que les Français avaient eu le temps de se faire leur avis par eux-mêmes sur l'efficacité du vaccin et sur l'absence d'effets secondaires graves. Il n'était donc nullement question d'un complotisme irrémédiable et jusqu'au-boutiste mais bien uniquement de doutes, pouvant s'estomper, de manière totalement rationnelle.

Nous sommes à une époque où les discours politiques et scientifiques sont perçus avec beaucoup plus de recul critique. Les citoyens sont plus critiques, moins déférents par rapport aux institutions, et finalement moins enclins à accepter les incantations des pouvoirs publics sans se questionner sur leur bien-fondé. Les citoyens sont critiques, ils questionnent, s'informent.

Aussi leurs comportements sont-ils mouvants dans le temps.

On ne peut pas voir dans toute opposition une forme de complotisme. Pire, dire que toute personne qui doute et qui s'oppose est complotiste, et qu'il est nécessaire de la rééduquer avec la vraie science et les vraies informations, ne peut avoir qu'une seule conséquence : renforcer le sentiment d'une coupure avec les institutions chez les personnes complotistes et pousser les simples sceptiques à radicaliser leur position.

On perçoit cette logique chez Laura, 29 ans, active sur les groupes Facebook contre le passe sanitaire et qui participe activement au mouvement : « Je n'en peux plus d'être taxée de complotisme à longueur de journée. Je trouve que ce passe sanitaire est une aberration, devoir montrer un QR Code pour se déplacer, pour aller au restaurant nous enlève une part essentielle de notre liberté. Je comprends l'importance de se faire vacciner contre le Covid-19, mais on doit réfléchir beaucoup plus en détail concernant le type de mesures que l'on met en place, parce que celles-ci sont en train de nous faire changer de modèle de société, vers beaucoup plus d'autoritarisme. Alors aujourd'hui on peut juger que c'est légitime parce qu'il y a urgence avec le Covid-19, mais est-ce que les urgences ne sont pas amenées à se répéter avec les différentes crises que l'on vit ? Alors non, je ne suis pas complotiste en disant cela, mais voir à quel point ils nous caricaturent en refusant tout débat contradictoire, ça me donne vraiment envie de le devenir. »

Les impasses de la modération des contenus en ligne

Se préserver du complotisme passe par le contrôle de la diffusion des fausses informations. Pourtant, cette modération pose des questions éthiques et peut se révéler assez contre-productive. En France, la loi du 22 décembre 2018 sur la manipulation de l'information apporte quelques réponses à la diffusion des *fake news* en obligeant par exemple les plateformes numériques à mettre en place des stratégies pour lutter contre les comptes diffusant de fausses informations. Lors des premiers mois de l'épidémie de Covid-19, Facebook et Twitter ont ainsi durci leur politique de modération sur ce plan. Des tweets ou des posts Facebook de Nicolás Maduro, Jair Bolsonarao ou Rudy Giuliani ont été supprimés car ils diffusaient des informations factuellement fausses à propos du coronavirus[10]. Twitter a même expliqué cibler certains types de contenus comme ceux promouvant un traitement dangereux ou inefficace contre le Covid-19 ou ceux à même de provoquer certains mouvements de panique injustifiés[11]. Dans une démarche similaire, Facebook a supprimé neuf cents pages liées à la théorie complotiste QAnon[12].

Lors de l'été 2021, c'est l'administration de Joe Biden qui n'a pas manqué de critiquer la politique de modération de Facebook. Soulignant que la désinformation sur la vaccination « tue », il a poursuivi de la sorte : « Ce que j'espère, c'est que Facebook fasse quelque chose contre cette scandaleuse désinformation[13]. » Devant ces injonctions, Facebook s'est d'ailleurs félicité d'avoir supprimé 18 millions de contenus classés comme éléments de désinformation et diminué la viralité de 167 millions de contenus en y ajoutant des avertissements.

Néanmoins, deux objections majeures peuvent être faites à ce type de raisonnements et de pratiques. Premièrement, il faut garder à l'esprit que les théories complotistes sur les réseaux sociaux ressemblent à une hydre : si une tête est coupée, une autre ressurgit quasi instantanément. La modération des principaux réseaux sociaux, si symbolique soit-elle, peine néanmoins à contenir efficacement la diffusion du conspirationnisme. La sphère QAnon a-t-elle été impactée par la politique de modération dont nous parlions plus haut ? Non. En mai 2021, des journalistes du *New York Times* montraient comment la mouvance QAnon était toujours particulièrement active outre-Atlantique, sous la présidence de Joe Biden[14].

Deuxièmement, il convient de ne pas franchir la ligne rouge de la censure. Or, les plateformes peuvent être tentées de supprimer préventivement des contenus trop critiques, mais non directement conspirationnistes. Plus encore que la liberté d'expression, que ces grands groupes privés se trouvent en position de pouvoir déterminer quel contenu est légitime et quel contenu ne l'est pas pose un large problème démocratique.

Par ailleurs, vouloir supprimer les contenus en ligne pour lutter contre le phénomène complotiste montre une mauvaise compréhension de ce qui est en jeu. Les individus qui ont de prime abord des prédispositions complotistes s'informent en ligne justement parce qu'ils considèrent les médias alternatifs comme légitimes et les médias classiques comme corrompus. Lorsque Facebook, Twitter ou YouTube suppriment des contenus, poussés par les pouvoirs publics et les représentants politiques, cela est un gage aux yeux des personnes potentiellement sensibles aux théories complotistes que leur intuition est vraie et que l'on cherche bel et bien à faire taire toute voix dissonante. Un exemple de ce phénomène se retrouve avec le documentaire *Hold-Up*. Lorsqu'on étudie la viralité du « phénomène *Hold-Up* », on constate que dans les premiers jours après sa diffusion il demeure réservé à quelques initiés de la « complotsphère ». Mais quand les plateformes de diffusion cherchent à le supprimer, la mesure est tout d'abord inefficace – le documentaire continue à être accessible facilement en ligne – et elle renforce surtout sa viralité de manière exponentielle. La thématique de la « censure » est l'une des plus discutées en ligne[15] à son propos, et de nombreux internautes poussent leur communauté à le diffuser de la manière la plus rapide possible, avant que la vidéo soit supprimée : « #Holdup #HoldUpLeFilm la censure #EnMarche contre la vérité sur leur inaction, sur leur corruption », dit ainsi une internaute. « La censure est un aveu », dit une autre. « Foncez voir le film #Holdup #HoldUpLeFilm #HoldUpLeDoc. » Quant à une troisième, elle remet en question la pertinence de la suppression du documentaire : « Je ne comprends pas la stratégie totalement idiote qui consiste à censurer #HoldUp, stratégie qui, par son caractère brutal et arbitraire, accrédite totalement la thèse du complot général, thèse que l'on veut justement combattre et démonter. Allô, la Terre ?! »

Dans ce cercle vicieux, voir son contenu ou son compte supprimé justifie en définitive une posture victimaire et renforce l'argumentaire du complot. C'est par exemple la rhétorique utilisée par Donald Trump, voire par Éric Zemmour, qui lorsqu'il constate que son compte Instagram a été suspendu tweete : « Ce matin, Instagram a pris la décision arbitraire de bannir mon compte officiel. Les GAFAM se sont engagés dans une lutte féroce contre les peuples qui ne veulent pas mourir. Ils peuvent me censurer, mais ils ne peuvent pas faire taire tout un peuple.

#STOPcensure. » La modération des contenus en ligne peut donc largement renforcer l'argumentaire et la position des individus censés être combattus.

Chapitre XI

Une question de confiance

La question institutionnelle est la clé de voûte du phénomène complotiste. Au fil de ce voyage en terres complotistes, nous avons pu mesurer que le conspirationnisme ne peut être endigué simplement par l'éducation, ou par des mesures techniques au niveau des médias. C'est finalement pourquoi ces questions sont assez peu traitées par les représentants politiques. En effet, elles nécessitent de mettre en place des actions de fond qui peuvent paraître à première vue éloignées du cœur du sujet. Or, dans le règne de l'immédiateté qui est le nôtre, un gouvernement confronté à une vague complotiste a beaucoup plus tendance à réagir en demandant aux réseaux sociaux de supprimer les contenus problématiques plutôt qu'à expliquer qu'il faut restaurer le lien de confiance entre le peuple et les élites par différents types de réformes. Et quand cela ne suffit pas, il nomme une commission, comme la commission Bronner dont nous avons parlé plus haut.

Le complotisme est pourtant intrinsèquement une question de confiance. C'est donc en amont de son expression que le phénomène doit être combattu, bien avant que les problématiques de bulles cognitives ou que les enjeux de modération des contenus en ligne se posent. Trois chantiers majeurs s'ouvrent pour endiguer la vague complotiste : restaurer la confiance des citoyens dans les médias, faire en sorte que les citoyens se sentent protégés des risques et des aléas de l'existence et, enfin, qu'ils aient à nouveau confiance dans leurs institutions politiques.

Transparence de l'information et indépendance des médias

Lorsque la problématique des médias se lie à la question du complotisme, les réponses couramment données sont centrées sur les réseaux sociaux. Mais cette vision est trop réductrice : si les personnes s'informent sur des médias complotistes, c'est qu'elles n'ont plus confiance dans les médias classiques. C'est donc cette confiance qu'il est nécessaire de restaurer afin de dissuader les citoyens critiques de s'informer *via* des médias alternatifs perméables aux théories complotistes. Cela passe par deux voies principales : la responsabilité et l'indépendance.

Améliorer la confiance dans les médias passe tout d'abord par une prise de conscience de leur rôle majeur dans le rapport des citoyens aux institutions. La course effrénée à l'audience maximale sape la confiance et constitue un moteur important du complotisme. Cela se traduit par une recherche de la quantité au détriment de la qualité des enquêtes, des reportages et des publications. Cela n'est pas sans conséquences : 73 % des Français ont l'impression d'être submergés par des informations trop nombreuses, et 89 % que les médias leur présentent finalement toujours les mêmes informations[1]. Ensuite, le buzz et le clash sont survalorisés au détriment d'un traitement de fond. Ce constat est d'ailleurs partagé par de nombreux Français, qui, pour sept sur dix d'entre eux, ne font désormais plus la différence entre l'information présente dans les médias payants et gratuits – autrefois décriés pour leur traitement lacunaire des sujets.

Comment faire en sorte de restaurer une qualité indispensable à la confiance dans le système médiatique ? L'instrument législatif pourrait bien sûr être utilisé, mais il n'est pas nécessaire parce qu'il est dans l'intérêt des médias eux-mêmes de changer leur fusil d'épaule. Nos concitoyens plébiscitent en creux une information de plus grande qualité. Il est indispensable que les médias en prennent conscience. Pour leur survie tout d'abord, car à mesure que les années passent, les nouveaux médias en ligne dament le pion aux médias plus établis. Pour la vitalité de nos démocraties ensuite, car sans virage massif de ces médias classiques dans le traitement de l'actualité, nous sommes condamnés à vivre dans une ère de défiance généralisée envers notre système médiatique, et donc dans un terreau de conditions favorables au complotisme en expansion d'année en année.

Le second chantier se situe au niveau de l'indépendance des médias. L'impression d'une collusion entre les institutions médiatiques et les institutions politiques, d'une part, et entre les institutions médiatiques et les institutions économiques, d'autre part, est au cœur de la défiance et des théories complotistes qui en résultent. 67 % des Français doutent ainsi de la véracité des informations[2]. Comment mieux garantir l'indépendance des médias ? Il est nécessaire de distinguer la question des liens politiques d'un côté, et la question des liens économiques et financiers de l'autre. Sur le premier volet, certains journalistes et hommes politiques entretiennent des liens assez forts, en ligne avec une pratique traditionnelle du journalisme français. C'est le cas typique de Franz-Olivier Giesbert, directeur de la rédaction du *Nouvel Observateur* puis du *Point*, qui résume en ces termes volontairement provocateurs les liens entre politiques et journalistes : « Moi je baise avec le pouvoir. » Plus explicitement, les passerelles entre les deux institutions sont nombreuses, on peut citer notamment le cas de Bruno Roger-Petit, passé de l'éditorialisme politique à la fonction de porte-parole de la présidence de la République au début de la mandature d'Emmanuel Macron.

Plus fondamentalement, il est nécessaire que les médias assument qu'ils font de la politque. Si les journalistes peuvent traiter une thématique de la manière la plus neutre qu'ils le désirent, il se pose néanmoins toujours un problème : pourquoi traiter ce sujet plutôt qu'un autre ? Il existe, en toutes circonstances, un choix éditorial dans les sujets mis en avant. Prenons un exemple extrême : durant la campagne des élections régionales de 2021, la thématique de l'insécurité a été au centre de l'attention médiatique. Certes, des faits divers pouvaient expliquer cette situation, mais il résultait d'un choix éditorial de traiter ce sujet plutôt que, au hasard, les problèmes de santé, de pauvreté, d'inégalités sociales, pourtant jugés extrêmement importants par nos concitoyens[3]. Cette problématique s'est répétée lors de la primaire des Républicains en vue de l'élection présidentielle de 2022. Lors du débat organisé sur BFMTV le 14 novembre 2021, les journalistes ont orienté leurs questions sur les sujets d'insécurité et d'immigration pendant 59 % de l'émission, quand la question environnementale fut totalement absente[4]. Or, comme cela a été prouvé par la science politique, lorsqu'un enjeu politique est surmédiatisé, les électeurs vont juger les différents candidats en fonction de la compétence qu'ils leur attribuent sur cette thématique en particulier. Si les médias ne disent pas aux citoyens quoi penser, ils leur disent néanmoins toujours à quoi ils doivent penser[5]. Le décalage entre la promesse et la réalité est alors de nature à créer une défiance dans la population qui peut muter en complotisme. Mais lutter contre ce glissement est possible : les médias classiques pourraient assumer, par leurs choix éditoriaux, leur action politique. Ce discours de vérité est indispensable pour restaurer la confiance dans les médias classiques, au risque de toujours se désoler que de plus en plus de Français se tournent vers des médias complotistes.

La question de la collusion entre les médias et les pouvoirs économiques et financiers est elle aussi d'une certaine manière consubstantielle au fonctionnement du système médiatique. En effet, si l'impact éditorial de l'offensive de Vincent Bolloré sur le groupe Canal, puis sur la radio Europe 1, a été massivement commenté, il faut néanmoins se souvenir que, dans la mesure où les médias sont considérés comme des entreprises comme les autres, ils sont détenus par des grands groupes. Dans ces conditions, dix des plus grandes fortunes de France contrôlent la quasi-totalité des médias français[6]. Cette situation capitalistique est de nature à entretenir le sentiment d'un complot au sein de la population. Entendons-nous bien, il existe des garde-fous mis en place pour se prémunir contre l'influence des actionnaires sur le travail journalistique et faire en sorte que les rédactions puissent théoriquement garder leur indépendance dans l'exercice de leur profession. C'est notamment le cas des sociétés de journalistes créées dans ce but. Il est impératif de sortir d'une dynamique financière du paysage médiatique en considérant que l'information n'est pas un bien comme un autre. Dans cette recherche d'une nouvelle configuration des médias, on peut notamment se tourner vers les travaux de Julia Cagé[7], pour qui un nouveau mode de financement médiatique ferait des médias des sortes de fondations à but non lucratif, directement financées par les citoyens « ordinaires », et empêcherait de les voir détenus par les citoyens les plus riches de ce pays. Sans modification en profondeur de ces modes de financement, la confiance dans les médias aura du mal à être restaurée.

Restaurer les protections collectives

L'adhésion au complotisme est en partie liée à l'évolution globale de nos sociétés. L'incertitude suscitée par le délitement des mécanismes de protection collective et par le sentiment d'évoluer dans un monde de plus en plus fluctuant, associée à la perte de repères liée à l'érosion des grands discours religieux et/ou politiques explicatifs du monde qui nous entoure, est en partie à l'origine du phénomène complotiste. Si le sentiment d'insécurité peut se décliner dans de nombreux domaines, le cœur du problème se situe au niveau économique et dans le monde du travail. En pacifiant les relations sociales, nous serons en mesure d'apaiser les relations au sein de la société et de diminuer le niveau du sentiment d'insécurité ressenti par les Français.

Il est donc nécessaire de restaurer les mécanismes de protection collective qui ont été attaqués depuis le début des années 1980 avec l'offensive libérale liée à la mondialisation. La confiance dans les institutions est forte lorsque celles-ci donnent l'impression à chaque citoyen qu'elles sont en mesure d'assurer sa sécurité existentielle, et ce tout au long de sa vie. Si l'on repense à Marion, cette ancienne serveuse de 38 ans, au chômage, davantage de mécanismes de protection ne seraient-ils à même de lui rendre la vie plus facile, et par là de restaurer sa confiance dans le système, et donc de la réinstaller dans une vision du monde non complotiste ?

Plus encore, ce sont de nouveaux mécanismes que nous devons inventer. Il ne faudrait pas trop idéaliser la société salariale des Trente Glorieuses, qui, si elle maintenait un haut niveau de protections collectives, se caractérisait également par une très forte rigidité dans son fonctionnement. Ce n'est plus tant la sécurité de l'emploi, mais la sécurité du parcours professionnel qui est essentielle. Les mécanismes de protection sociale que nous devons imaginer doivent faire en sorte que des évolutions soient possibles dans la carrière de chaque personne, mais que chaque période de creux, que chaque « accident de parcours » – volontaire ou involontaire – soit sécurisé par les institutions de protection sociale. De tels mécanismes seraient essentiels pour pacifier la société pour ne plus donner l'impression que nous sommes continuellement en lutte les uns contre les autres. Car de cette compétition permanente naît le sentiment d'insécurité existentielle, qui, comme nous l'avons déjà démontré, entraîne une montée du conspirationnisme.

Approfondir la démocratie

Lorsque les citoyens n'ont plus confiance dans leurs institutions, qu'ils ont la sensation de n'être plus représentés au sein de ces institutions, alors ils peuvent considérer que les personnes à leur tête ne sont plus légitimes pour les représenter : c'est le phénomène populiste. Mais lorsque ce sentiment de défiance s'accroît et que des circonstances particulières se présentent – typiquement, une crise sanitaire majeure –, alors ces citoyens défiants peuvent avoir le sentiment que les élites politiques ne sont pas seulement illégitimes pour les représenter, mais aussi pour leur parler. Toute information venant « du haut » est perçue avec un extrême scepticisme et tous les événements négatifs sont attribués aux décideurs : c'est le phénomène complotiste.

Ce n'est ainsi pas une surprise si les personnes les moins bien représentées dans les institutions, soit parce qu'elles ne participent pas aux élections, soit parce qu'elles votent pour des partis « de marge » n'accédant pas aux plus hautes fonctions, sont celles qui manifestent le plus d'attitudes complotistes.

Ce phénomène est par ailleurs renforcé par ces mêmes élites et par les partis les plus installés au sein du champ politique qui n'hésitent pas à caricaturer chaque mouvement d'opposition en le traitant de complotiste, quand il exprime parfois simplement une opinion politique différente de celle suivie à la tête de l'État.

Nous sommes arrivés à un état de polarisation massive de la société entre deux blocs qui ne se comprennent pas et se honnissent : d'un côté, la cohorte des partis « de gouvernement » et leurs électeurs et, de l'autre, celle des partis d'opposition, de leurs électeurs et des citoyens qui choisissent délibérément de s'abstenir. Dans ces conditions, ce second bloc qui ne se sent pas représenté politiquement en arrive à un tel état de détestation du bloc opposé qu'il est amené à tomber dans les thèses complotistes pour expliquer le fait que sa voix soit si peu prise en compte. À l'opposé, le bloc situé dans les institutions de pouvoir, se sentant menacé voire agressé, prend de moins en moins de précautions pour qualifier cette opposition de « complotiste » même quand elle n'exprime aucune opinion de la sorte. Alors que la démocratie est censée garantir un débat apaisé entre des opinions adverses, la configuration actuelle de nos institutions fait que ces deux blocs ne sont plus simplement adversaires, ils sont antagonistes et ennemis.

Entendons-nous bien, il n'est pas question ici de faire en sorte que l'on arrive à un consensus entre ces deux blocs : les points de vue sont différents dans une société. Mais il est urgent de faire en sorte qu'une large partie de la population se sente représentée dans les plus hautes instances, qu'elle puisse peser sur les choix politiques et être en mesure de contrôler ces derniers. Comment faire en sorte qu'une partie grandissante de notre société n'ait plus la sensation d'être dépossédée du pouvoir et de n'avoir aucun contrôle sur les choix de société ? Cela passe par une réforme massive des institutions sur deux plans. Au niveau de la démocratie représentative d'une part. Et en apportant de forts mécanismes de démocratie participative d'autre part.

Réparer la démocratie représentative

Sept Français sur dix considèrent que le système démocratique fonctionne plutôt mal en France et ont l'impression que leurs idées ne sont pas bien représentées[1]. Sans surprise, cette impression est encore plus présente chez les citoyens proches des partis situés dans les marges électorales (84 % chez les électeurs de Mélenchon, 89 % chez les électeurs de Le Pen) ou chez les abstentionnistes (74 %). Pour répondre à cette insatisfaction, deux réformes sont indispensables : d'une part, créer un calendrier électoral conjoint pour les élections législatives et la présidentielle. D'autre part, mettre en place la proportionnelle intégrale lors des élections législatives.

En France, les élections législatives ont lieu quelques semaines après la tenue de l'élection présidentielle. Loin d'être anodin, ce calendrier électoral est à l'origine d'une part non négligeable de la défiance envers les institutions. En effet, contrairement à l'idée reçue, l'abstention reste structurellement à un niveau faible lors de l'élection présidentielle. Cet événement mobilise en effet même les citoyens peu intéressés par la politique en temps ordinaire, parce qu'ils ont l'impression que c'est finalement la seule élection qui pourra modifier en profondeur le cours des choses.

Figure 8. Évolution de l'abstention en fonction du type de scrutin

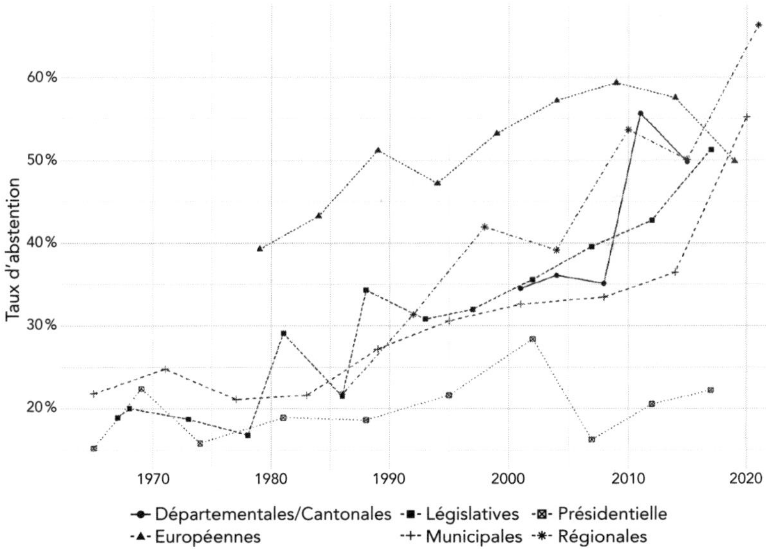

Or, une fois l'élection présidentielle passée, les électeurs, en particulier ceux des partis défaits lors de la présidentielle, ont tendance à se démobiliser massivement pour les élections législatives, considérant que les jeux sont faits. Dans ces conditions, les législatives apparaissent comme une élection d'enregistrement du résultat de l'élection présidentielle et provoquent une forte distorsion par rapport au résultat initial de l'élection présidentielle.

Ainsi, lors du premier tour de la présidentielle de 2017, on a observé quatre blocs politiques d'une importance relativement comparable : La France insoumise de Jean-Luc Mélenchon, En marche ! d'Emmanuel Macron, Les Républicains de François Fillon et le Rassemblement national de Marine Le Pen. Mais lorsque l'on observe la composition de l'Assemblée nationale quelques semaines plus tard, on se rend compte que le parti présidentiel obtient 308 sièges sur 577, soit la majorité absolue. D'une situation où Emmanuel Macron ne récoltait que les voix d'un quart des électeurs lors du premier tour de la présidentielle, on obtient mi-juin une Assemblée à majorité présidentielle. Pour tous les électeurs n'ayant pas voté pour le président élu, cette situation peut paraître aberrante ; en retour, elle peut aussi saper la légitimité du président. Une solution existe pourtant. Sans toucher au mode d'élection du président de la République, les élections législatives pourraient se tenir le même jour que l'élection présidentielle afin de recentrer la place du Parlement dans la vie politique. Le rapport de force issu du premier tour des législatives et de la présidentielle obligerait ainsi les partis à négocier réellement entre les deux tours afin de faire émerger, dans une logique de coalition, une majorité politique au second tour.

La modification du calendrier électoral doit également s'accompagner d'une mise en place d'une dose substantielle de proportionnelle lors des élections législatives afin que l'Assemblée nationale représente mieux la diversité des opinions au sein de la population. Un gouvernement représentant davantage les équilibres politiques réels serait formé, diminuant la défiance générale de l'électorat. Et si la défiance diminue, il y a toutes les chances de penser que le complotisme fasse de même.

Introduire des mécanismes participatifs

Une mutation majeure touche les sociétés occidentales depuis une trentaine, voire une quarantaine d'années. Pendant les Trente Glorieuses, les citoyens étaient extrêmement dociles par rapport aux institutions politiques : le vote était une pratique admise par l'immense majorité et les représentants tout comme les institutions politiques étaient jugés, par essence, légitimes. Les citoyens acceptaient de placer leur sort entre les mains de représentants élus et de n'être appelés à exprimer leur opinion qu'au moment des élections. Mais cette mentalité a changé avec la génération des post-*baby-boomers*[2]. Les nouvelles générations n'acceptent plus de signer un blanc-seing aux représentants politiques et pleine latitude de mouvement pendant toute la durée de leur mandat ; ils veulent participer plus directement en politique. Le sentiment de se voir dépossédés du pouvoir par ces représentants politiques est à la source de la défiance institutionnelle, qui, elle-même, irrigue le complotisme. Un tel rapport à la démocratie participative se perçoit lorsque l'on demande l'opinion des Français concernant la Convention citoyenne sur le climat. 66 % des moins de 35 ans jugent ainsi qu'il faut généraliser cette manière de débattre de sujets importants et ne pas laisser seulement les représentants politiques décider, quand ce chiffre tombe à 47 % chez les 60 ans et plus[3].

Deux mécanismes pourraient être mis en place afin de faire en sorte que les citoyens soient davantage impliqués dans le processus politique. Le premier élément est le référendum d'initiative citoyenne (RIC). Le RIC permet aux citoyens de proposer une mesure législative (initiative législative) ou un amendement constitutionnel (initiative constitutionnelle) s'ils sont en mesure de soumettre une pétition comportant un nombre requis de signatures de citoyens. Si la pétition comporte suffisamment de signatures, alors le texte est soumis au vote de l'ensemble électoral. Bien sûr, la mise en place du référendum d'initiative citoyenne nécessite une réflexion en profondeur concernant sa mise en application et les garde-fous pour que ce mécanisme ne soit pas utilisé trop peu, ou en permanence. On pourrait également réfléchir à une période de délibération entre le moment où la pétition est reçue et où le vote a lieu, à l'aide d'un comité de citoyens tirés au sort dont la mission serait d'informer le reste de la population sur les avantages et les inconvénients de la mesure envisagée[4]. Ce mécanisme permettant à échéance régulière aux citoyens de participer directement en politique sans en passer par des élus serait un moyen de donner un bol d'air sans précédent à la démocratie française.

Le RIC gagnerait à être associé à une autre mesure de démocratie directe : le référendum révocatoire. En déposant une pétition comportant le nombre requis de signatures valides, les citoyens peuvent imposer un vote sur le maintien en fonction du représentant politique concerné. Si le référendum révocatoire est couronné de succès, une élection spéciale suit généralement. Le rappel le plus médiatisé a sans doute eu lieu en Californie en 2003, lorsque le gouverneur de l'État en place, Gray Davies, a été démis de ses fonctions, aboutissant à l'élection d'Arnold Schwarzenegger comme nouveau gouverneur. Cet instrument pourrait être décisif pour pacifier, ressusciter de la confiance dans les institutions et couper l'herbe sous le pied au complotisme. En effet, lorsque l'on regarde l'état de l'opinion publique, on se rend compte assez vite que la problématique majeure est celle du manque de contrôle des citoyens sur leurs représentants politiques. Beaucoup ont l'impression que ces derniers ont une totale liberté d'agir, sans qu'il soit possible, pour les citoyens « ordinaires », de les contrôler. 70 % des Français pensent ainsi que les représentants politiques sont déconnectés de la réalité et ne servent que leurs propres intérêts. Si, bien sûr, une procédure stricte doit encadrer l'utilisation de ce mécanisme, la possibilité de révoquer un élu lorsque celui-ci n'a pas tenu ses engagements serait ainsi le moyen parfait pour contribuer à déconstruire l'image d'une classe politique à part, déconnectée du reste de la population.

Parce que entre la sensation de politiques n'agissant que dans leur propre intérêt et déconnectés de l'intérêt public, et une vision du monde complotiste leur attribuant la responsabilité de tous les événements, il n'y a qu'un pas.

Notes

Introduction

1. REBEIHI, Ali, « Comment argumenter face à des complotistes ? », *Grand bien vous fasse,* France Inter, 21 janvier 2021, 53 min.

2. « La pandémie, un terreau pour le complotisme ? », *28 minutes*, Arte, 17 août 2021, 23 min.

3. POPPER, Karl Raimund, BERNARD, Jacqueline et MONOD, Philippe, *La Société ouverte et ses ennemis*, Seuil, 1979.

4. ALLINGTON, Daniel, DUFFY, Bobby, WESSELY, Simon *et al.*, « Health-protective behaviour, social media usage and conspiracy belief during the COVID-19 public health emergency », *Psychological medicine*, n° 51/10, 2020, p. 1763-1769.

5. WOOD, Michael J., DOUGLAS, Karen M. et SUTTON, Robbie M., « Dead and Alive: Beliefs in contradictory conspiracy theories », *Social psychological and personality science*, vol. 3, n° 6, 2012, p. 767-773.

6. ENDERS, A. M. et SMALLPAGE, S. M., « Polls, Plots, and Party Politics. Conspiracy Theories in Contemporary

America », *in* USCINSKI, Joseph. *Conspiracy theories and the people who believe them*, Oxford University Press, 2018, p. 298-318.

7. DROCHON, Hugo, « Who believes in conspiracy theories in Great Britain and Europe », *in* USCINSKI, Joseph, *Conspiracy theories and the people who believe them, op. cit.*, p. 337-346.

8. SCHAEFFER, Katherine, « A look at the Americans who believe there is some truth to the conspiracy theory that COVID-19 was planned », Pew Research Center, 2020.

9. « États-Unis : Donald Trump refuse de condamner explicitement la mouvance conspirationniste QAnon », France Info, 16 octobre 2020.

10. ALLINGTON, Daniel, DUFFY, Bobby, WESSELY, Simon *et al.*, « Health-protective behaviour, social media usage and conspiracy belief during the COVID-19 public health emergency », art. cité, p. 1763-1769.

11. REICHSTADT, Rudy, *L'Opium des imbéciles : essai sur la question complotiste*, Grasset, 2019.

12. VIGOUREUX, Caroline, « Covid-19 : gouvernement cherche vaccin contre virus du complot », *L'Opinion*, 17 novembre 2020.

13. RICH, David, « Covid-19 : quand la vaccination vire au conflit familial », France 24, 22 juillet 2021.

14. FEERTCHAK, Alexis, « Covid : aura-t-on un vaccin d'ici la fin de l'hiver ? », *Le Figaro*, 6 octobre 2020.

15. LOUAULT, Frédéric, MORIN, Jean-Frédéric, PILET, Jean-Benoît et VAN HAUTE, Emilie, « Les Entretiens » *in Méthodes de La Science Politique. De la question de départ à l'analyse des données*, De Boeck Université, 2016, p. 106-133.

16. *Ibid.*

PREMIÈRE PARTIE
Voyage en terres complotistes

Chapitre I
Tous complotistes ?

1. REICHSTADT, Rudy, *L'Opium des imbéciles : essai sur la question complotiste, op. cit.*

2. *Enquête sur le complotisme Vague 2*, Ifop pour la Fondation Jean-Jaurès, 2019.

3. Les verbatims présents dans cet ouvrage ont été recueillis lors des différentes enquêtes menées par l'auteur sur les groupes Facebook pro-Raoult, anti-masques et opposants au passe sanitaire.

4. Code de l'éducation. Partie législative, L111-2 et L111-3.

5. DOUGLAS, Karen M., SUTTON, Robbie M., CALLAN, Mitchell J. *et al.*, « Someone is pulling the strings: Hypersensitive agency detection and belief in conspiracy theories », *Thinking & Reasoning*, vol. 22, n° I, 2016, p. 57-77.

6. Cette explication est à retrouver notamment chez USCINSKI, Joseph E. et PARENT, Joseph M., *American conspiracy theories*, Oxford University Press, 2014.

7. ADENOR, Jean-Loup, « Visé par une enquête, l'avocat antivax Fabrice Di Vizio quitte la robe pour "prendre le large" », *Marianne*, 15 septembre 2021.

8. JEHANNO, Émilie, « Coronavirus : Est-il "simple comme chou" de vérifier les liens entre médecins et laboratoires pharmaceutiques, comme le dit Didier Raoult ? », *20 minutes*, 26 juin 2020.

9. PHILIPPE, Barthélemy, « Les Français font plus confiance au professeur Raoult qu'à Olivier Véran face à l'épidémie », *Capital*, 29 mai 2020.

10. AUDUREAU, William et MAAD, Assma, « Une exploration de la "Raoultsphère" sur Facebook », *Le Monde*, 3 juillet 2020.

11. On estime que seulement 22 % des plus de 55 ans ont au moins un Bac + 2 dans la population française.

12. ALVORSEN, Morgan, « Not Every QAnon Believer's an Antisemite. But There's a Lot of Overlap Between Its Adherents and Belief in a Century-Old Antisemitic Hoax », Morning Consult, 28 juin 2021.

13. En référence à Steve Bannon, conseiller controversé du président Trump.

14. MATHIOT, Cédric, « Gilets jaunes : quand des députés LREM cèdent à la théorie du complot », *Libération*, 6 décembre 2018.

15. « Pour Emmanuel Macron, Christophe Dettinger "n'a pas les mots d'un Gitan" », Europe 1, 1er février 2019.

16. « Les Français et le rôle perçu de la Russie dans la crise des Gilets jaunes », Ifop pour *La Lettre de l'Expansion*, février 2019.

Chapitre II
Une nouvelle vision du monde

1. MUDDE, Cas et KALTWASSER, Cristóbal Rovira, *Populism: A very short introduction*, Oxford University Press, 2017, p. 6.

2. « De Francis Lalanne à Kim Glow : ces "people" séduits par les théories du complot », France Info, 14 mai 2021.
3. CASTANHO SILVA, Bruno, VEGETTI, Federico et LITTVAY, Levente, « The elite is up to something: Exploring the relation between populism and belief in conspiracy theories », *Swiss political science review*, vol. 23, n° 4, 2017, p. 423-443.
4. MUDDE, Cas, « The populist Zeitgeist », *Government and opposition*, vol. 39, n° 4, 2004, p. 541-563 ; LACLAU, Ernesto et MOUFFE, Chantal, *Hegemony and socialist strategy: Towards a radical democratic politics*, Verso Books, 2014.
5. AKKERMAN, Agnes, MUDDE, Cas et ZASLOVE, Andrej, « How populist are the people? Measuring populist attitudes in voters », *Comparative political studies*, vol. 47, n° 9, 2014, p. 1324-1353.
6. CAMPION-VINCENT, Véronique, *La Société parano. Théories, complots, menaces et incertitudes*, Payot, 2005.

Chapitre III
De la vision à l'action

1. FREEMAN, Daniel, WAITE, Felicity, ROSEBROCK, Laina *et al.*, « Coronavirus conspiracy beliefs, mistrust, and compliance with government guidelines in England », *Psychological medicine*, 2020, p. 1-13.
2. VEGETTI, Federico et LITTVAY, Levente, « Belief in conspiracy theories and attitudes toward political violence », *Italian Political Science Review/Rivista Italiana di Scienza Politica*, 2021, p. 1-15.

3. KAPLAN, Alex, « Trump has repeatedly amplified QAnon Twitter accounts. The FBI has linked the conspiracy theory to domestic terror », Media Matters for America, 8 janvier 2019.

DEUXIÈME PARTIE
Aux origines du complot

Chapitre IV
2022, élection complotiste ?

1. « "Les Lumières à l'ère numérique" : lancement de la commission Bronner », Site de l'Élysée, 29 septembre 2021.

2. FAYE, Olivier et GATINOIS, Claire, « Clément Beaune : "En 2022, il nous faudra incarner le camp de la République et de la raison" », *Le Monde*, 23 août 2021.

3. Chiffres au 10 août 2021.

4. « Vague d'indignation après des propos de Jean-Luc Mélenchon jugés complotistes », France 24, 7 juin 2021.

5. « Complotisme ? », Blog de Jean-Luc Mélenchon, 14 juin 2021.

6. ZEMMOUR, Éric, « Le complotisme, ce mot des élites pour disqualifier toute critique », *Le Figaro*, 20 novembre 2020.

7. AUDUREAU, William, « Derrière la rumeur sur Brigitte Macron, la crainte d'une trumpisation des débats politiques en France », *Le Monde*, 20 décembre 2021.

8. PECNARD, Jules, « Présidentielle américaine : pour un électeur républicain sur deux, la victoire de Biden a été "truquée" », site de BFMTV, 19 novembre 2020.

9. FRANÇOIS, Abel, « Les jugements sur les pratiques électorales : une faible crédibilité ! », *in* BRECHON, Pierre, GONTHIER, Frédéric et ASTOR, Sandrine, *La France des valeurs*, Presses universitaires de Grenoble, 2019, p. 284-289.

Chapitre V
Le syndrome complotiste

1. *Le Regard des Français sur les nouvelles technologies à l'heure des débats autour de la 5G*, étude Ifop pour l'Académie des technologies, 18 novembre 2020.

2. *Baromètre de la confiance politique, Vague 11*, OpinionWay pour le Cevipof et la Fondation Jean-Jaurès, février 2020.

3. LACROUX, Margaux, « Qu'est-ce que le taux d'inquiétude de la population, mesuré par le gouvernement chaque semaine ? », *Libération*, 24 mars 2021.

4. *Fractures françaises*, Enquêtes Ipsos pour la Fondation Jean-Jaurès.

5. *Représentations sociales du changement climatique : 21e vague*, Site Librairie ADEME – La librairie de l'Agence de la transition écologique, 2020.

6. TEINTURIER, Brice, GALLARD, Mathieu, LAMA, Amandine, QUETIER-PARENT, Salomé, *Fractures françaises 2021 – 9e édition*, Enquête Ipsos pour la Fondation Jean-Jaurès, septembre 2021.

7. *Enquête sur le complotisme Vague 2*, Ifop pour la Fondation Jean-Jaurès, enquête citée.

8. TEINTURIER, Brice, GALLARD, Mathieu, LAMA, Amandine, QUETIER-PARENT, Salomé, *Fractures fran-*

çaises 2021 – 9e edition, Enquête Ipsos pour la Fondation Jean-Jaurès, septembre 2021.

Chapitre VI
Quand le complot est réel

1. « Scandale de la Dépakine : Sanofi mis en examen pour "homicides involontaires" », *Le Parisien*, 3 août 2020.

2. TEINTURIER, Brice, GALLARD, Mathieu et BOISSON, Laurène, *Fractures françaises 2020 – 8e edition*, Enquête Ipsos pour la Fondation Jean-Jaurès, 2020.

3. Comme le démontraient les différentes enquêtes d'opinion sur le sujet.

4. BAUER, Delphine et PUCCINI, Ariane, *Mauvais traitements. Pourquoi les femmes sont mal soignées*, Seuil, 2020.

5. FANCOURT, Daisy, STEPTOE, Andrew et WRIGHT, Liam, « The Cummings effect: politics, trust, and behaviours during the COVID-19 pandemic », *The Lancet*, vol. 396, n° 10249, 2020, p. 464-465.

Chapitre VII
La spirale médiatique

1. MAHLER, Thomas, « Les réseaux sociaux sont-ils responsables du complotisme ? », *Le Point*, 18 février 2019.

2. « Théories du complot : “Les jeunes sont plus perméables parce qu’ils s’informent davantage sur les réseaux sociaux”, selon le fondateur de conspiracywatch.info », France Info, 14 avril 2021.

3. Une telle théorie est par exemple défendue par DOUGLAS, Karen M., USCINSKI, Joseph E., SUTTON, Robbie M. *et al.*, « Understanding Conspiracy Theories », *Political Psychology*, n° 40/S1, 2019, p. 3-35.

4. *Baromètre 2021 de la confiance des Français dans les médias*, La Croix/Kantar Public – Onepoint, 2021.

5. Vidéo CNN : « CNN rolls the tape on Fox News hosts’ anti-vaccine rhetoric », Site de CNN, 2021.

6. RAHMIL, David-Julien, « Complots, justice et manipulation : les médias traditionnels sont pires que les réseaux sociaux », site de l’ADN, 18 mai 2021.

7. GONTIER, Samuel, « Élection présidentielle américaine : des experts plus trumpistes que les trumpistes », *Télérama*, 6 novembre 2020.

8. Toutes ces citations sont à retrouver dans GONTIER, Samuel, « Élection présidentielle américaine : des experts plus trumpistes que les trumpistes », *Télérama*, 6 novembre 2020.

9. *Le Regard des Français sur les médias*, Enquête Ifop pour Flint, juin 2021.

10. « Covid-19 : faut-il avoir peur du variant indien qui part en flèche au Royaume-Uni, pays le plus vacciné d’Europe ? », *Le Midi libre*, 26 mai 2021.

11. RESHMA, Mathias, « Covid : “Il n’y a aucune preuve que le variant indien soit plus dangereux que le britannique” », *L’Express*, 7 mai 2021.

12. « Covid : le vaccin de Pfizer moins efficace contre le variant sud-africain selon une étude », *Sortir à Paris*, 12 avril 2021.

13. CALLAWAY, Ewen, « Covid-19 : le vaccin de Pfizer-Biontech protège contre le variant sud-africain », *Pour la Science*, 12 mai 2021.
14. *Le Regard des Français sur les médias*, Enquête Ifop pour Flint, enquête citée.
15. CHASLOT, Guillaume, « How YouTube's A.I. boosts alternative facts », Medium, 31 mars 2017.
16. CHAMPAGNE, Patrick, « L'audimétrie : une censure politique cachée », *Hermès, La Revue*, vol. 37, n° 3, 2003, p. 137-142.
17. TERRAL, Julien, *L'Insécurité au journal télévisé : la campagne présidentielle de 2002*, L'Harmattan, 2004.
18. *Le Regard des Français sur les médias*, Enquête Ifop pour Flint, enquête citée.
19. *Ibid.*
20. MANDIN, Benoît, « *C à vous* : la success story du confinement face à Cyril Hanouna et Yann Barthès », Toutelatele, 29 avril 2020.

Chapitre VIII
Défiance institutionnelle

1. SACLEUX, Arnaud, « Un quart des Français seraient climatosceptiques », *National Geographic*, 5 avril 2019.
2. Chiffres provenant du *Baromètre de la confiance politique, Vague 11*, sondage cité.
3. Échelle additive de la confiance dans les partis politiques et dans le gouvernement national à partir des données de l'European Values Study.

4. *Baromètre de la confiance politique, Vague 11*, sondage cité.

5. TEINTURIER, Brice, GALLARD, Mathieu et BOISSON, Laurène, *Fractures françaises 2020 – 8e édition*, enquête citée.

6. MARTINI, Sergio et QUARANTA, Mario, « Political support among winners and losers: Within-and between-country effects of structure, process and performance », *European journal of political research*, vol. 58, n° 1, 2019, p. 341-361.

7. Calculs réalisés à partir du sondage « jour du vote » de l'Ifop.

Chapitre IX
Peur et rumeurs

1. LANTIAN, Anthony, *Croyez-vous aux théories du complot ?*, PUG, 2018.

2. BRISTIELLE, Antoine, « Vaccins : la piqûre de défiance », Site de la Fondation Jean-Jaurès, 17 novembre 2020.

3. DOUGLAS, Karen M., SUTTON, Robbie M. et CICHOCKA, Aleksandra, « The psychology of conspiracy theories », *Current directions in psychological science*, vol. 26, n° 6, 2017, p. 538-542.

4. Vidéo Youtube : « Mon immersion dans les réseaux de désinformation », chaîne youtube *L'Instant détox*, juin 2021.

5. Ce terme est notamment utilisé par CICHOCKA, Aleksandra, MARCHLEWSKA, Marta, GOLEC DE

ZAVALA, Agnieszka *et al.*, « “They will not control us”: Ingroup positivity and belief in intergroup conspiracies », *British Journal of Psychology*, vol. 107, n° 3, 2016, p. 556-576.

6. DARGENT, Claude, « Quatre croyances religieuses en progression », *in* BRÉCHON, Pierre, GONTHIER, Frédéric et ASTOR, Sandrine, *La France des valeurs*, *op. cit.*

7. *Ibid.*

TROISIÈME PARTIE
Restaurer les Lumières

Chapitre X
L'impasse de l'éducation

1. MESTRE, Abel et SOULLIER, Lucie, « L'épidémie de Covid-19 et la popularité des théories complotistes en France », *Le Monde*, 17 novembre 2020.

2. DUNNING, David, « The Dunning–Kruger effect: On being ignorant of one's own ignorance », *Advances in experimental social psychology*, Academic Press, 2011, p. 247-296.

3. DE RIVET, Savinien, « Niveau en maths et en sciences : la France s'enfonce », *Libération*, 8 décembre 2020.

4. PECH, Marie-Estelle, « Le niveau des diplômes a baissé, selon l'Insee », *Le Figaro*, 14 décembre 2016.

5. BAUDELOT, Christian et ESTABLET, Roger, *Le niveau monte*, Seuil, 1989.

6. BENNETT, W. Lance et IYENGAR, Shanto, « A new era of minimal effects? The changing foundations of political communication », *Journal of communication*, vol. 58, n° 4, 2008, p. 707-731.

7. KOHL, Hélène, « La redevance allemande augmentée pour lutter contre les "fake news" », *Le Monde*, 9 août 2021.

8. HACHE, Claire, « Covid-19 et conspirationnisme : "les antivaccins arrivent à conquérir de nouveaux publics" », *L'Express*, 13 novembre 2020.

9. TEINTURIER, Brice, GALLARD, Mathieu et BOISSON, Laurène, *Fractures françaises 2020 – 8e edition*, enquête citée.

10. DEMAGNY, Xavier, « Posts supprimés, règles plus strictes : Facebook et Twitter face aux *fake news* sur le coronavirus », France Inter, 1er avril 2020.

11. GADDE, Vijaya et DERELLA, Matt, « An update on our continuity strategy during COVID-19 », Twitter, 16 mars 2020.

12. « Facebook supprime 900 pages et groupes liés à la théorie complotiste QAnon », *Le Monde*, 20 août 2020.

13. WOITIER, Chloé, « Les réseaux sociaux restent ambigus face à la désinformation sur les vaccins », *Le Figaro*, 1er août 2021.

14. RUSONNELLO, Giovanni, « QAnon Now as Popular in U.S. as Some Major Religions, Poll Suggests », *New York Times*, 27 mai 2021.

15. « Comprendre la pandémie complotiste : les cinq enseignements de *Hold-Up* », Kap Code pour la Fondation Jean-Jaurès, 5 mai 2021.

Chapitre XI
Une question de confiance

1. *Le Regard des Français sur les médias*, Enquête Ifop pour Flint, enquête citée.
2. *Ibid.*
3. Baromètre Ipsos, juin 2021.
4. LANDAZ, Mahaut, « 41 % du temps à parler immigration et sécurité : on a minuté les 4 débats des Républicains », *L'Obs*, 1er décembre 2021.
5. IYENGAR, Shanto et KINDER, Donald R. *News that matters: Television and American opinion*, University of Chicago Press, 2010.
6. FONTAINE, Gilles, « Comment les grandes fortunes s'affrontent sur le terrain des médias », *Challenges*, 10 juillet 2021.
7. CAGÉ, Julia et HUET, Benoît, *L'information est un bien public. Refonder la propriété des médias*, Seuil, 2021.

Approfondir la démocratie

1. TEINTURIER, Brice, GALLARD, Mathieu et BOISSON, Laurène, *Fractures françaises 2020 – 8e edition*, enquête citée.
2. TIBERJ, Vincent, *Les citoyens qui viennent. Comment le renouvellement générationnel transforme la politique en France*, Presses universitaires de France, 2017 ; INGLEHART,

Ronald, *Culture shift in advanced industrial society*, Princeton University Press, 2018.

3. TEINTURIER, Brice, GALLARD, Mathieu et BOISSON, Laurène, *Fractures françaises 2020 – 8e edition*, enquête citée.

4. Rapport Terra Nova.

Remerciements

Je tiens tout d'abord à remercier mes éditeurs, Damien Bergeret et Diane Feyel, qui ont fait le choix de m'accueillir dans leur belle maison. Travailler avec eux a été un réel plaisir et ils ont su à merveille trouver le dosage subtil entre encouragements et regard critique sur ce que j'étais amené à leur présenter.

Ce livre, qui fut écrit entre les murs de la Fondation Jean-Jaurès et ceux de Sciences Po Grenoble, doit également beaucoup aux collègues que j'ai côtoyés pendant cette période. Je pense notamment à Eugénie et à Jérémie à Paris et à Max-Valentin et Chloé à Grenoble.

Une mention particulière à Tristan Guerra dont l'aide aura été précieuse pendant toute la rédaction de cet ouvrage grâce à son expertise statistique et à sa fine connaissance de la politique et de la société françaises.

J'adresse également mes plus profondes pensées à mes parents et à mes grands-parents qui depuis toutes ces années m'accompagnent et m'encouragent sans cesse à continuer dans toutes ces aventures.

Enfin, je voudrais bien évidemment remercier Laura Chazel. Nos discussions – parfois/souvent enflammées – sur le sujet m'ont poussé à sans cesse densifier mon propos et à aiguiser mes arguments. Bien qu'elle fût en rédaction de thèse pendant ces nombreux mois, son soutien a été indéfectible. Ce livre lui doit beaucoup.

Table des matières

DEUXIÈME PARTIE
Aux origines du complot

TROISIÈME PARTIE
Restaurer les Lumières

Composition et mise en pages
Nord Compo à Villeneuve-d'Ascq

Achevé d'imprimer en janvier 2022
sur les presses de Normandie Roto Impression s.a.s.
61250 Lonrai (Orne)

PAPIER À BASE DE
FIBRES CERTIFIÉES

Fayard s'engage pour
l'environnement en réduisant
l'empreinte carbone de ses livres.
Celle de cet exemplaire est de :
0,400 kg éq. CO_2
Rendez-vous sur
www.fayard-durable.fr

70-6996-0/01
Dépôt légal : janvier 2022
N° d'impression : 2106824

Imprimé en France